建築が教育を変える

福井市至民中の学校づくり物語

しみん教育研究会 編著

鹿島出版会

至民中学校の生活は、1〜3年生で構成され、それぞれ色の名前がついた「クラスター」に基づいて繰り広げられる「異学年型教科センター方式」。異なる個性、能力を持った、年齢の違う生徒同士が、様々な場面で一致団結して協働する。社会では当たり前のそんな姿が、この学校にはある。違っているからこそ大変だけれど、おもしろい！ それが、至民中スタイルである。

「数学エリア」と呼ばれるイエロークラスターの生活の中心部。クラスターの合い言葉が風に揺れる。

流星群　一人一人の小さな塾の集まりが大きな輝きとなるイエロークラスター

1〜3年生のそれぞれの「ホーム」が、共有のラウンジを取り囲む。

クラスターが、中央に設けられた「葉っぱのひろば」に集まってミーティング。合唱コンクールに向けて心をひとつにまとめる。

至民中学校の学びは、動きがある。授業はただじっと前を向いて、黒板を板書しているだけではない。その活動に相応しい場所・環境で、生徒それぞれが互いにかかわり合って学ぶ。"学び合い"こそが未来をにらんだ学びの姿である。そして、その学校らしからぬ学びの風景に刺激され、新しい学びの文化が生まれていく。

様々な授業スタイルを支えるために考えられた、国語の「連続教室」と「ひろば」。

授業は教室の中だけでは行われない。必要な道具のある場所で繰り広げられる、英語の授業風景。ホワイトボード製可動間仕切り「ワークスペースパーティション」にはこれまでの「学びの軌跡」が所狭しと貼られ、学習の成果が蓄積されている。

ここちよさ・活動のしやすさを求め、もはや教室を離れて「しみんホール」にて創作。

福井市、南江守の里山に建つ不思議なカタチの学校。里山の地形と多彩な活動のアイディアから生まれた、直角のない校舎。教育と建築が二人三脚で紡ぎ出した未来を見据えた「柔らかい学校建築」の姿である。

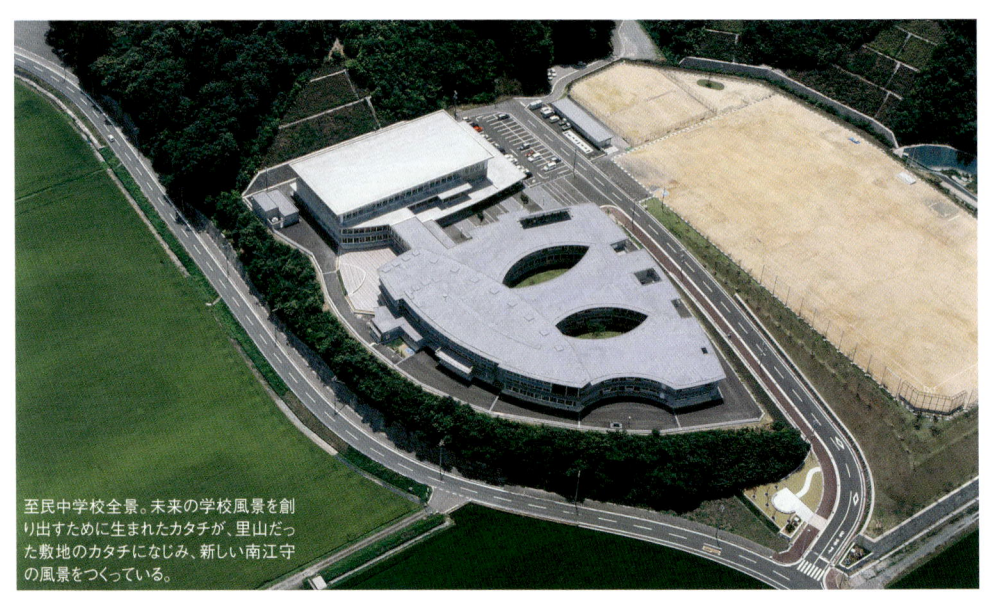

至民中学校全景。未来の学校風景を創り出すために生まれたカタチが、里山だった敷地のカタチになじみ、新しい南江守の風景をつくっている。

しみんホールの外観。豊かな眺望をとりこみ、この学校でおきるあらゆる「コト」がのびやかに展開されていくことを願い、建築が計画されている。

地域交流棟「はっぱ棟」を中心として、それぞれの教科エリアが枝分かれした平面。それぞれの活動に最も相応しい空間を紡ぎ出した結果、校舎棟は曲線に、体育館は直線により構成されている。象徴となる「葉っぱのひろば」とふたつの中庭は"葉っぱ型"。

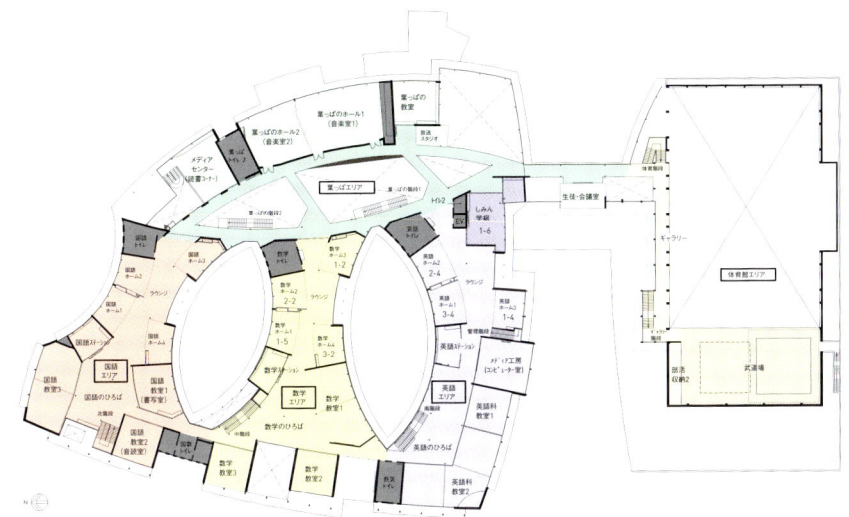

1階平面図(S=1:1,350)

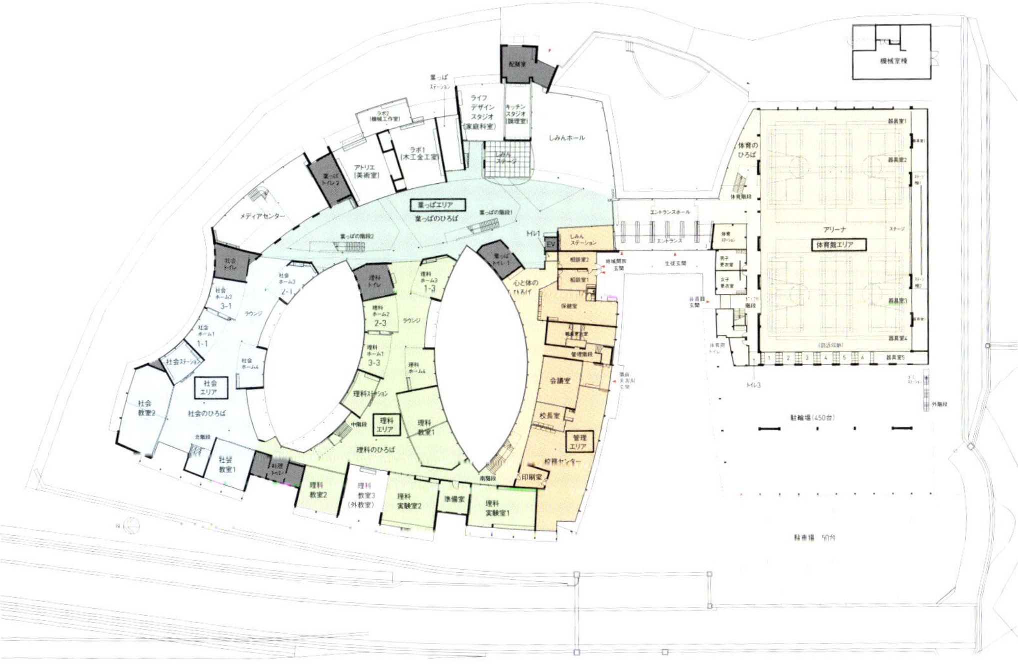

2階平面図(S=1:1,350)

＊ホームに記すクラスは、2008年度の配置。ホームの設置数は最大時の生徒数を見越して設置されている。

ふたつの音楽教室に仕切ることができる葉っぱのホール。でものびのび使うのが至民流。

建築が教育を変える
福井市至民中の学校づくり物語

はじめに

　書店で建築のコーナーに並ぶ本を開いてみると、見慣れた蒲鉾板型の学校建築とは懸絶したデザインの学校が目に入る。芸術作品を思わせる建築写真に、設計者のセンスや着想の豊かさを感じとることができる。しかし、違和感を覚えるのはなぜだろう。学校建築は、その空間に包まれ子どもが喜々として活動して、はじめて価値が生まれる。校舎の写真に躍動し笑顔する子どもが写っていないからだろうか。学校教育が抱える今世紀的課題に対し、真摯に迫ろうとする設計者の緊迫感を写真から読み取れないからだろうか。建築家は、日本における学校教育の現状と未来をどのように描いているのだろう。こんなとき、ふと尋ねてみたくなる。

　今度は、教育のコーナーで「学校づくり」と題した本を開いてみる。教師が一丸となって新しい教育課程の編成や生徒指導に立ち向かい、学校を再生していく過程がドラマチックに描かれている。確かに「学校づくり」の本なのだが、建築の話は微塵もない。教師にとって学校建築は前提条件であって、苦言を呈しても始まらないものである。だから与えられた条件の中で、どのような教育をどのように実現するかに最大の関心が向けられる。ところが、この発想には落とし穴がある。建物はそこでの活動内容と方法を暗黙のうちに限定する。ひとつの黒板に向かって整然と並ぶ学習机は、教師からの一方向的な情報提供と、机上の教科書を解説し知識習得を促すのに適した環境である。教師の行う教育の工夫も、この建築条件の掌内であることに気づきにくいものである。

　近代社会は分業化の時代であった。価値観が共有され社会の進むべき方向が定まっているときは、分業は効率がよい。ところが学校教育は今大きな変革期を迎えている。明治革命、第2次世界大戦後に次ぐ3回目の大波の

中にある。この中で着実な一歩を踏み出していくためには、業種を超えた協働が手掛かりとなろう。協働の中にこそ、既成を撃ち破る発想が生まれるからである。

　学校建設は、学校教育の明日を開く協働が実現する絶好の機会である。福井市至民中学校のおける学校建設の過程は、業種を超えた協働のプロセスでもある。この本は教育行政担当者、建築関係者、地域の方々や保護者、教員等、業種を超えて「今日の学校から明日の学校」に向けて根気よく、学校づくりに携ろうしている方々に読んでいただきたい。教育のこの変革期を協働によって拓こうと立ち上がった人の一助になれば幸いである。

目次

はじめに　11
執筆者紹介　15

第1章　学校建築は学校を変えられるか　19
1. 至民中学校の水先案内
2. 異学年型教科センター方式
3. 学校と学校をつなぎ、地域と学校をつなぐ学校づくり

第2章　学びの継続を形にする「異学年型教科センター方式」　41
1. 中学校教育の課題
2. 新しい福井市至民中学校の教育改革

第3章　柔らかい学校建築がつむぐ「学び」　57
1. 生きる力と「柔らかい学校建築」
2. 敷地に仕える——ここにしかない学校
3. 教育界からの「挑戦状」が新しい建築を生む
4. 学校づくりに向けて——ワークショップ・建物から変わらなくては
5. 「コト」のデザインから「モノ」のデザインを
6. 建築は背景として——柔らかいヒトと技術が支えるものづくり
7. 「柔らかい学校建築」は文化を生む

第4章　学校に時間をデザインする——授業改革と学校建築　113
1. オープンな環境での日常的な授業
2. 授業改革から始めよう

3. 研究紀要は全員の手で
4. 70分授業の導入で授業の質の転換を図る
5. 全員参加の部会組織で学校運営
6. いよいよ移転──オープンな授業の始まり

第5章　5つの小さな学校──異学年型クラスターと学校建築 …… 141

1. 学年体制がなくなる?
2. 前年度からクラスター試行
3. 4つの小さな学校ができる

第6章　地域と協働する学校づくり …… 151

1. 敷居を低くしたい
2. 移転開校前夜
3. ミッション2008──地域を誇れるものに

第7章　歩み出した至民中学校 …… 169

1. クラスターと過ごす1日
2. 「変われない教師」が変わってきた
3. 第1回公開研究会
4. 動き続ける「学び舎」

おわりに　185

福井市至民中学校・建築データ　188
福井市至民中学校・学校づくり年表　193

執筆者紹介

本書は、福井市至民中学校建設にかかわった教員、行政担当者、建築家、研究者など、立場の異なる書き手によって書かれている。執筆者のユニークさが学校づくりにも大いに反映された。わずかではあるが、その個性の一端を紹介したい（文責：松木健一）。

第1章　学校建築は学校を変えられるか
松木健一
福井大学大学院教育学研究科教授

人は物語でできている。自分の経験したことを言葉でつないで、他者に語りながら、自分のこれからのありようを定めていく。だから、語るときの自分の過去の事実を選び直すと、新たな到来が開けてくる。人はそうやって絶えず過去を造り直している。暫し耳を傾けてくださる方を得ると、レゴ（LEGO）のようにブロック（過去の事実）一つひとつは代わり映えしなくても、無限の組合せを得ることができるのである。つまるところ、私は改造人間なのである。

第2章　学びの継続を形にする「異学年型教科センター方式」
渡辺本爾
元福井市教育長

教師とは不思議な収支勘定をする生き物である。世間の厳しい批判や多忙さに見合うだけの給料をもらっているようには、到底思えない。しかし、わかったときに見せる子どもの笑顔は、おそらく代償として余りあるものなのであろう。それに対し子どもとかかわれない教育長はどんな収支勘定をしているのだろうか。
ところで、わかっていないことは言葉にならないが、わかっていても言葉にならないことが多いも

のである。「中学校は生徒指導と受験指導と部活指導からなっている」。渡辺先生に言われて、ハッと気づかされた。わかっているように思えることを言語にすることは、容易ならざることなのだ。教師に己が姿を映し見せ、垂れ落ちる油から妙薬を作って教師に返す。教育長はガマの油売りなのかもしれない。それにしても、ガマの油売りが儲かったという話を聞いたことがない。

第3章　柔らかい学校建築がつむぐ「学び」

柳川奈奈

設計工房顕塾（げんじゅく）

奈奈さんは夢を食べて生きている。夢にはタウリンがふんだんに含まれているようで、食べるほどに冴えてくるのが奈奈さんだ。奈奈さんは土着の設計者である。福井に人一倍の愛着を持っていて、どうも福井から地球を再構築しようと考えているふしがある。これまでにきっと、素晴らしい先生に出会ったに違いない。それが、巡りめぐって教師が育つ学校を建てるのだから、教育は本当に円環運動している。

第4章　学校の時間をデザインする──授業改革と学校建築
第5章　5つの小さな学校──異学年型クラスターと学校建築
第7章　歩み出した至民中学校

牧田秀昭

福井市至民中学校研究主任・福井大学教職大学院客員准教授

伝統的な専門職である医師や弁護士の専門性は、その占有性にある。だから医師以外は医療行為を行うことができない。ところが、教育は誰もができる。いやむしろ、全ての人が携わらなければならないのが教育である。この点からすると、教師の専門性とはなんとも頼りない代物である。しかし、牧田教諭は「教師の専門性の中核は、そんなところにはない」という。教師の専門性は、その協働

性にあるのである。子どもの想いと教師の願い。このふたつがコラボレーションして教育が成り立つ。あるいは教師同士の協働がなければ教師は育たない。彼は心底、学校に協働を実現しようと願っている。その粘り強い行動力を見れば、誰もが納得するであろう。

第6章　地域と協働する学校づくり
山下 忠五郎
前福井市至民中学校長

伸びようという気持ちがない人は、教師には不向きな人である。山下校長の口癖は「チェンジ・チェンジ」である。「不満があるなら、変えてみよう」そう言って先生方を励ます。もう一分か二分髪の毛を短く刈ると、オバマ大統領にそっくりになる山下校長が、真顔で言うものだから、やれば変わるような雰囲気になってしまう。おまけに校長はすぐに先生方に「任せ」てしまう。至民中学校が大きく変わったのは、教師が変わったからである。教師が変わったのは、校長が学校の大事をことごとく教師に任せたからであろう。私は秘かにそう思っている。

第1章

学校建築は
学校を変えられるか

1　至民中学校の水先案内

　福井市至民中学校の学校建設は、教育改革の実践そのものであった。その実態を伝えるのが本書の役割である。しかし建築に端を発して学校の教育運営、教育内容にも及ぶ改革の全容をわかりやすくお伝えするのは非常に難しい。まずは、至民中学校の学校づくりのあらましをおおよそその時間の流れに沿ってここで紹介し、後続する各章の関係についてお話ししたいと思う。

・学校建築が教育を変えることはできるか

　世の中に教育学者ほど無責任でいられる人はいない。教育は百年の計だから、唱えた教育論の誤りを指摘されても、責めを負う心配はまずない。実施された教育政策の結果が明らかになるまでの年月、それに加え、政策と結果の間に厳格な対応関係を見いだせないのが教育なのである。それでいて、一人ひとりのアイデンティティ形成に最も影響を与えるのも教育である。だから、これまでの教育を下手に否定して改革をしようものならば、各自のアイデンティティの否定につながりかねず、総スカンを食らうかもしれない。国民全てが評論家になりうるのが教育でもあるから、大きなことは言わず、皆が口にするような不満や愚痴を先取りして、教育にあてはめていれば教育学者として安泰である。

　世の中に学校建築の設計者ほど呑気でいられる人はいない。設計した建物の使い勝手の良し悪しについての批判を受けることはあっても、大概、利用者は新しさにごまかされてしまう。いわんや、学校のように利用者が入れ替わるところでは、デザインした建物と教育との根本的な関係を追及されることはまずない。だから、設計者は「ひねもすのたり」と過ごすことができる。善良な設計者は、生徒や教師からしっかり要望を聞き取って、利用者ニーズに応えようとするだろう。ところが、学校は明日を創るところである。今の教育を前提にいくら聞き

取っても、明日を創ることにはならない。夏炉冬扇の如しならば動かないほうがいい。

　世の中に教師ほど教育を語らないですむ人はいない。熱心な教師であればあるほど、日々発生する目先の問題に振り回される。その日その日がことなきに終わることを祈るように過ごしているのが現実である。教育を語る暇があるのなら、パソコンに向かって膨大な事務処理をこなし、勤務査定や教員格付けに対応できる証拠づくりをしたほうが賢いというものだ。

　さてこんな調子で教育関係者について語り出すと、教育という装置の大きさだけが目にとまり、教育改革など荒唐無稽のことのように思えてくる。完璧主義者は明治維新や戦後のGHQ政策のように、天地がひっくり返るくらいの外圧がなければ教育は変わらないとあきらめを口にするだろうし、革命家は過激に走ることになろう。しかし、教育改革は全てをご破算にしてやり直すことのできるゲームではない。常に過去を持ち、たえず動きながら修正を加え成長していく人生のようなものである。今までの自分を認めて、しかも投げ出さず、変化することを楽しめるようなスタンスが肝心なのである。教育学者も設計者も教師も、教育という装置の大きさにたじろがず、かといって、眼前のことに振り回されることもなく教育改革を楽しむことが、「大きなもの」とつき合うコツなのだろう。

・ドミナントストーリーを撃ち破る

　ところで、教育改革の楽しみは、私たちが無意識のうちに前提としている事柄、当たり前と思っている事柄を問い直し、変えてみることで「新しい世界」が開けることに真骨頂がある。つまり、学校教育に蔓延るドミナントストーリー*に気付くことである。そして、その暗黙のうちに従ってしまっている原理に対峙していくための装置が学校建築に仕組まれていると、教師は教育を楽しむことができるものである。人生ならば楽しくなければ意味がない。同様に教師が新しいものを切り拓く自由度を得なければ教育にはならないのではなか。

*ドミナントストーリー：近年「物語（ナラティブ）」という概念が広く用いられるようになった。私たちは日常の出来事について物語を通して理解し、物語を通して営んでいるが、またその物語から強い拘束を受けている。その物語から外れる事実は抹消され、なかなか意識に上がってこない。このような認識上で支配的になっている物語を指している。裏返すと、語りと傾聴の関係の中でドミナントストーリーを外在化できれば、新たなストーリーを描き直すこともできるわけである。

第1章　学校建築は学校を変えられるか　　21

教育改革を実現するためには、他の業界との出会いと協働が極めて有効である。教育界の当たり前は、他の業界の非常識であることが多いからである。互いに非常識と思われるところから出発して協働を実現できると、そのプロセスの中で互いのドミナントストーリーが浮上してくるものである。

　ここに事例がある。学校設計者、教育行政、教育研究者そして教師が協働することによって、学校に潜むドミナントストーリーを絞り出し、教育の可能性を広げた学校改革の取り組みである。福井市至民中学校は、公立の中学校である。校舎の老朽化に伴い2004年に新校舎が計画され、2008年4月に開校した。この建設過程で背景の異なる者の協働が生まれ、発展し、教育改革が進められてきた。ここではこの過程を追いながら、教育改革のあり方を提案したい。

・学校建設のお決まりの過程が陥る誤り

　老朽化した学校の建て替えは、通常どのように行われるか。議会の承認を得て市長が建設を発表し、建設のための構想委員会が設置される。構想委員会では地域、保護者、教師や教育関係者、建設関係の代表者等が集い、建設の基本構想が練られることになる。しかし、委員のほとんどは学校建設にかかわった経験などあるわけもなく、原案の大筋は行政が準備し、それに対する意見や修正を論議することになる。そうやってでき上がった構想案は、基本計画委員会に委ねられ、数社で競合してプランを提案してもらうコンペ（Competition＝設計競技）か、設計者の運営体制や考え方や実績から設計者を選定するプロポーザル（Proposal）コンペを実施して、設計者が決定されることになる。設計者は、行政の意図を汲みつつ、学校の当事者や地域の意見を聞きながら基本設計をし、委員会の了解を得て、実施設計そして着工というふうに順を踏む。これが公立学校建設の最も多い例であろう。このような過程は、広範な当事者の意見が反映できる点で優れた制度なのだろう。

　しかし、課題もある。ひとつは、皆が当事者なのだが、

役職として参加する委員も多く、誰もが責任を取れないことである。行政としても責任が取れないので前例を踏襲しようとする。だから、大きな変化を生み出すような学校建築は生まれようがない。ときには市長、教育長、設計者の中に卓越したアイディアを持つ人間が出現し、ユニークな学校建築が生まれたりするが、学校改革は長続きしない。実際に学校を動かすのは、教師であり、教師が持つドミナントストーリーを撃ち破るような学校建築になっていないか、あるいは、学校に潜在するルールの打破と学校建築との関係について、設計者が明示できないままでいるからである。「できた！ さあ使え」と言われて建物を預けられれば、当然、教師は今まで通りの使い方をする。オープンスペースを持つ校舎を何とか間仕切りをして、今までの教室運営を試みる教師にこれまで何度も出会っている。

　課題のふたつめはまさにこの点である。設計者がめざす学校改革と教師がめざす学校改革が融合した建物ができても、それは学校という空間をデザインしただけである。空間とシンクロナイズする学校の中に流れる時間、これがデザインされ、その時間のデザインが構築されるまでの工程の全てが学校づくりなのである。この工程全般を意識的に支える母体がなければ仏作って魂入れずになってしまうのがオチである。こうして魂の入っていない新仏をあちこちで目撃することになる。

　さて至民中学校の場合を見てみよう。ことのきっかけは当時福井市教育委員会事務局だった守川昭彦さんがどうせ造るのなら新しい発想の学校建築を採り入れたいという熱意から始まる。彼は隣接する坂井市の丸岡南中学校が教科センター方式の学校建築を進めたことを参考にし、教科センター方式の利点と課題について大学に意見を求めに来た。たまたま丸岡南中学校のプロポーザル委員をしていた私は思いつくことを話した。これを機に当時福井市の教育長であった渡辺本爾先生と話をすることになった。

・中学校を支配する「3つの指導」

　渡辺教育長は中学校教育に潜む課題を粛々と話された。中学校を切り盛りしているのは、教師の3つの指導だという。それは受験指導であり生徒指導であり部活指導である。中学生の頃は、誰もが歩く爆弾のようなものである。ひとつ操作を誤ると大変なことになる。非行、校内暴力がアッという間に蔓延し、教育の荒廃や教師の無能さだけが繰り返し揶揄される羽目になる。このような中学校を仕切るためには、生徒の余計なエネルギーは部活で発散させる。そして、部活でよい成績を収めて校名でも揚げることができればしめたものである。さらに、受験指導の成果と相まって文武両道ともなれば、保護者や地域を納得させることができる。あとは、生徒指導で規律ある生活が維持され、挨拶がきちんとできるようになれば中学校運営は盤石である。そして、この3つの指導に長けた教師が中学校で幅をきかせるというわけだ。

　渡辺教育長は、この3つの指導を絡ませながら運営する中学校を抜本的に変えたいという。まさに中学校教師に潜む学校運営のドミナントストーリーへの挑戦である。そして、至民中学校の建設を挑戦への契機にできないかとも話された。この内容については第2章で詳述しているので、そちらを読んでもらおう。

　考えてみれば、受験指導も生徒指導も部活指導いずれも指導という一方向的なコミュニケーションである。その背後にある「鍛える」「覚える」そして「従順・勤勉・努力」といった教育観は、どの指導にも共通している。近年、学力についての論議が盛んに行われているが、既存の教育観を支えるドミナントストーリーをえぐり出さずに、新しい学力を培うことなど到底おぼつかないことである。

　いずれにしても建物づくりだけに止まっていては、教育長の願いは達成できない。建物とリンクして教育のあり方を検討できる組織づくりをすること、また、教科センター方式には解決すべき課題はあるものの、それが教育長の考える"中学校に潜む暗黙のルール"を浮上させる「異化装置」になる可能性があること等を確認して話

は終わった。

| 2 | 異学年型教科センター方式 |

・教科センター方式は異学年型教科センター方式でなければ機能しない

　教科センター方式の学校建築は、教科の「オープンスペース」を中心にその教科専用の教室が配置され、これとは別に生徒の生活の空間である「ホームベース」が配備された設計方式である。生活の場である「ホームベース」と学びの場である教室等が完全分離された方式から、「ホームベース」が教室に併設され、教室を学級会等に利用する併設型方式まで、その配置は変化に富むが、教科の授業に合わせて生徒が毎時間移動するところはどれも共通している。教科センター方式のメリットについて、導入した学校のホームページを開くと「移動により生徒の主体性が育つ」「教師の片付け時間が節約できる」等と、なんだか意味のわからないことが書かれている。これでは教科センター方式の秘めた最大の利点が活かされていない、あるいは、気づかれていないように思われて残念でならない。

　一方、教科センター方式で失敗した学校の事例も耳にする。そのほとんどは規模の大きな公立学校で、問題点はほぼ共通している。数年経つと校長や教員が代替わりし、当初の意気込みが継続されていないことに加え、生徒指導による混乱が起きている。どこの中学校も通常は学年がひとつのまとまりになっている。例えば3年生で校内暴力などが起きると、教師は1・2年生を3年生校舎に近づかないように指導することで、学校全体に暴力事件が広がらないように対処する（このときの同学年の教員集団の結束には目を見張るものがある）。ところが、教科センター方式ではそれができないのである。生徒が毎時間移動し3学年が交わり合うので、悪影響はあっと

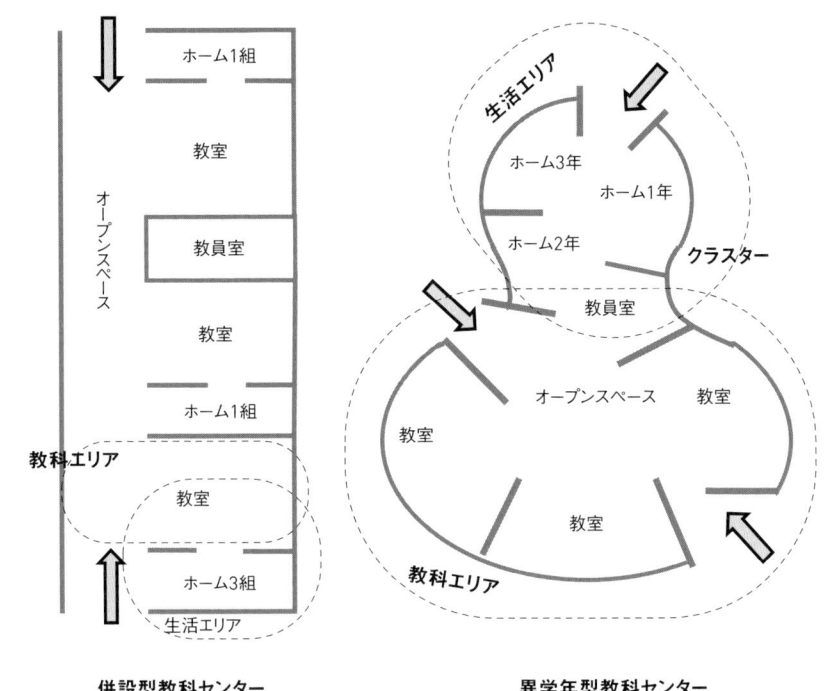

併設型教科センター

異学年型教科センター

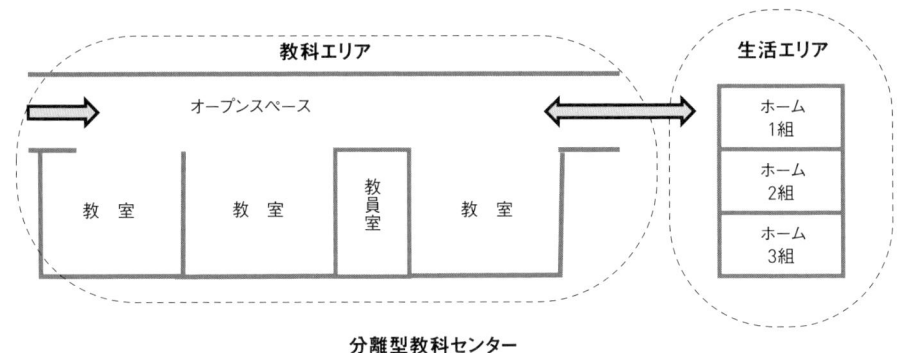

分離型教科センター

いう間に広がり、学級崩壊どころか学校崩壊になりかねない。しかし、至極もっともな話ではないか。学校建築を変えたのに、教育の方法は相変わらず受験指導、生徒指導、部活指導、を中心とする原理で動かしているのだから問題が起きない方が不思議である。

では、教科センター方式の最大の特徴は何か。教科センター方式の最大の特徴は、教科と学校生活にかかわる

教育センター方式の種類。分離型は理想的だが床面積をとり、2ヵ所に管理者が必要になる。併設型は、ホームベースの機能が制限される。異学年型は、両型のよさを活かしつつ、小さな学校としてのまとまりを重視した。

「学校文化の創造」である。学校が教師の指導と生徒の習得というコミュニケーションから脱し、生徒が生活世界の中から課題を見つけ、働きかけ解決していく「学び合う共同体」に成長していくためには、コミュニケーションのあり方を根本的に変える装置が、学校建築の中に組み込まれていなければならない。例えば黒板に向かって生徒全員が、教師の話を聞く一斉授業の形態である。今までの学校では一斉授業形態の空間か、あるいは、図書館のような個人学習の空間しかなかった。このような情報伝達・知識習得型の一方向的なコミュニケーションから、自発的で協働的な多様なコミュニケーションを生み出す学校文化を創造するためには、コミュニケーションの拠り所となる黒板のようなものが、集団の大きさやその用途に応じて様々配置される必要がある。グループ毎に用意された移動黒板や生徒が発信できる掲示板、グループ討議がしやすい机、静かに読むのではなく協議しながら情報収集できる書籍やパソコンの配置、集団の大きさを学級に限定しない壁のあり方等が、一方向的コミュニケーション中心の学校文化からの脱却を促す装置として機能する。ともかく教師がコミュニケーションの方法自体を見直し、今求められている学力のあり方を吟味して建物を利用しなければ、教科センター方式の学校建築は宝の持ち腐れどころか、使い勝手の悪い建物でしかない。

・教科センター方式の最大のウリは学校文化の構築

　ところで、なぜ生徒は教科の教室に出向く必要があるのだろうか。教科センター方式は、教師の後片付けが楽になるというような付随的な理由で、教室を移動させるのではない。これでは教師は便利になっただろうが、生徒は不便になったとする意見に反論できまい。

　移動の理由は、教科教室の中に生徒の「学びの痕跡」が蓄積できるからである。これまでの学力観は生徒が頭の中に知識をため込んでいくイメージに近いものであろう。この場合、教えるべき知識は正確で整理されたものであることにこしたことはない。だから、とつとつと表

現された生徒の稚拙な表現よりは、教科書の知識のほうがよい。生徒の残した「学びの痕跡」などあまり意味がない。ところが、学力を答えのわからない課題に向かって、情報の収集をしながら手だてを講じる課題解決能力だと考えるとどうなるであろうか。課題解決に向かって取り組んだ、ちょっと先いく他生徒の「学びの痕跡」は、重要な情報となる。

　さらに、教室やメディアセンターに生徒の教科の学習成果が蓄積されることで、生徒はその空間に入っただけで3年間の「学びの見通し」がつく。上級生の学習成果を見ながら、下級生は自らの学びを考える。そのような空間に接すると、下級生は少しでも上級生を乗り越えるような成果、上級生とは異なる成果を出そうと目論むようになるものである。また、上級生は自らの学びが下級生によって検証されることになるので、格好の悪いものはつくれない。自らの「学びの痕跡」が新たな学習活動を創造する学校文化、これこそが教科センター方式の最大の特徴である。

　そのためには3年間のカリキュラムを連動させ、ある時期になると3学年が同じ分野を異なる次元で学び合う様子が見られるような工夫が必要である。例えば、数学ならば1年生から3年生までが関数を学習していたり、国語ならば3学年が説明文に取り組んでいたりする。そうすると下級生は自分の学びの先を目撃できる。上級生は自分の「学びの履歴」を振り返ることができる。このような時間のデザイン（3年間の連動するカリキュラム）が、教科のメディアセンターの中に具現化されることが必要となろう。同学年同士であっても同様である。同じ単元を学習しているのであれば、隣のクラスの学習の様子が残されていると、当然、生徒は休み時間にそれを垣間見るであろう。盗めばいいのである。教師は同じ授業を学年のクラス分繰り返すような足踏みをする必要はない。相乗的に積み重ねていくことを考えるほうがより効果的ではないか。教師に指導されなくても、解決すべき課題が学校空間の中に立ち現れてくる。そんな学校文化づくりが、教科センター方式の得意とするところな

空間の使い方は生徒が決める。アトリエから葉っぱのひろばに広がって作品作りをする生徒。

のである。

・教科センター方式はコミュニケーションのあり方を変える

　ふたつめの特徴については、「生活空間と学習空間の分離で生まれる生活と学習の融合（これは至民中学校2008、2009年の研究テーマでもあった）」という観点から述べてみよう。学校は私的空間が極めて乏しい空間である。それが保障されているのはロッカーや自分の机ぐらいのものだろう。おまけに自分の机は、公的空間の一部をなし、授業のときは私的な空間としての利用は許されない。学校は、膨大で均一な行動を求める公的な時間と、わずかな私的な時間から構成されている。学校では私的行為である食事さえも、給食指導として「公」に組み入れられる。

　だから生徒は私的な時間と空間を求めて、トイレ、体育館裏、部室にたむろし、机を削り、壁を蹴破って穴をあけ「私」の痕跡を残す。あるいは、筆箱のような許された私物を可能な限り飾り立て、余計なものまで詰め込む。さらには同一の制服に差異を生み出そうと努力し、私的自己表現の道具とする。学校は均一で大半を占める「公」と、わずかで歪められた「私」とのせめぎ合いの場なのである。

　ところが、これは学校で「公」と「私」を対立させる配置をとることに原因がある。一人ひとりの意見が活かされる双方向のコミュニケーションを基盤に、その規模が小グループ、学級、学年、クラスター（これについては後述する）、学校というように段階的に「公」が構築されるコミュニケーションの組織論を教師が持っていれば、そして、異学年間で文化を継承生成するコミュニケーションの組織論を持っていれば、「公」と「私」の対立は少なくて済むものである。むしろ、「私」の意見が練り上げられ「公」を創り出す。あるいは、「公」の活動の中で「私」を自覚するのである。このような合意形成のコミュニケーションを創造しやすいのが、教科センター方式の特徴なのであろう。教科センター方式を採用するならば、民主主義を学ぶ学校をめざしたいもので

ある。言わずもがな、生活面でも学習面でも集団を営みながら人間づくりがなされているので、教科センター方式になったからといって生徒指導が困難になるということはまずない。

　以上の理由で福井市では、教科センター方式が異学年の出会いを基礎としていることを明示して「異学年型教科センター方式」と名乗ることにした。

・教師が育つ学校建築でなければ教育改革は進まない

　教科センター方式の成否を決める3つめの特徴は、教師にかかわっている。教師はすぐれて高度な専門職であろう。この専門職は他の専門職と同様、学校という実践の場において鍛えられ磨かれもする。ところが、近年の管理強化と多忙さの中で、教師同士が学び合う文化が学校の中から失われつつある。文化は慣習のようなもので、なぜそれを行うのか明文化されているわけでもない。造るときには意識的に構築しなければできないが、崩れるときには気づかれることなく消失してしまう。シマッタと思ったときには、学校の中で教師が学び合う文化は瀕死寸前の状態になっていた。

　福井大学の教職大学院は、大学院の基本的な活動の場を学校に置いている。つまり、現職の教員が大学のキャンパスで学ぶのではなく、自らの抱える教育実践の課題を取り上げ、自らの同僚と解決していくことをめざしている。学校の中で、教員同士が授業を見合い、語り聞き合い、書き読み合うことを行う。さらに、この結果について他校の教員、他の学校種の教員、そして他県の教員と論議し、また、過去の優れた実践報告書とも照合し、教育実践の文化を構築するのが大学院の目的である。至民中学校は、この教職大学院の拠点校として位置づけることができた。

　一方、学校建築においても教師の学び合いが実現できる環境が重要である。学校の職員室を見たことのある方ならおわかりであろう。「公」と「私」のせめぎ合いの対立構造は、何も生徒に限ったことではない。教師もうず高く書籍や資料を山積みし、眼前の机上に私的空間を

作り出そうとする。職員室が管理職からの一方向的な情報伝達の場である限り、このような職員室の光景は消えることはない。教科センター方式では、各センターとホームベースの接点に教員のステーションが配置されている。ここでは、教科に関する話、生徒の生活に関する話を、少人数で日常的に気楽に話すことのできる可能性が開かれている。またステーションからは、校務分掌をこなしつつも他の教員の授業を見ることができる。あるいは、授業しながらも他の教員の授業の雰囲気を感じ取れるようなオープンな構造になっていると、教師は知らず知らずのうちに真似し合い、学び合うことができるものである。このような教師の成長を支える協働を具現化した教科センターの造りでなければ、その学校は継続的な教育改革の拠点にはなりえない。

・やはりプロポーザルは人を選ぶ

　至民中学校建設の基本計画書では、充分な説明もないまま「異学年型教科センター方式」という用語を使用した。今に至ってもその語に込めた意味を明確に表現しきれずにもどかしく思っているくらいだから、基本計画書の短い文章で表現しきれるものでもない。非常に虫のいい話だが、プロポーザルではこの異学年型教科センター方式を真摯に受け止め、一緒に悩んでくれる人を探そうと考えた。プロポーザルの審査委員の経験も多いわけではないのに、本当に適切な人材を選べるか一抹の不安をかかえてのプロポーザルとなった。案の定、提案された沢山の案を見ると、どの図案も素晴らしく目移りして、どの案がいいのか皆目見当がつかなくなってしまった。実施設計案に近いような図案、考え方を示した図案、地形や地域の情景を念頭にした図案、どれも素晴らしい。どの設計事務所を選定したらいいのだろうか。

　ただし、異学年型教科センター方式という用語に関しては対応がはっきり分かれていた。やはり「異学年」という冠が設計者を悩ましたのだろう。完全に無視して、すでに建築されている教科センター方式をモデルに提案されている案が大半を占めた。その中で設計工房顕塾だ

けが、まともに取り上げ苦しんでいる姿が、ありありとしていた。悩んでいるから見栄えがしない。図案も色数が少なくラフスケッチのように映る。おまけに「異学年」と「教科センター方式」の関係が基本計画策定委員会で考えたことと幾分異なっている。

　私は建築についてずぶの素人である。設計図の見栄えは、人手とお金をかければ完成に近い原案を描くことはできるだろう。結局、私の判断の拠り所は教育という観点であり、今回に限ってみるならば異学年型教科センター方式についての捉え方なのだろう。一緒に異学年型教科センター方式について悩み考えてくれる人を選べばいい。まだ論議していないのだから意見がずれることは当たり前で、逃げずに真摯に受け止めてくれた方を選べばいい。そう決心し、恐る恐る設計工房顕塾に一票を投じることにした。ところが他の委員も同じ設計事務所を推す意見が多く、あらためてプロポーザルは一緒に歩んでくれる人を選ぶ会なのだということを再確認することとなった。地域や子どもたちに潜む学校への願いを汲み出し、明日の学校に編み込んでいく基本設計から施工に至る歩みについては第3章で詳述されている。設計者の協働する姿を見ていただきたい。

3	学校と学校をつなぎ、地域と学校をつなぐ学校づくり

・特別なんだけれど特別でない学校

　新至民中学校は、現存する中学校が移転して造られる。だから、あらかじめ新しい学校の運営方法等について学校全体で論議していきたいのだが、年度が変われば新校舎に入ることなく卒業してしまう生徒や異動する教員が出てこよう。福井県の教員は7年を目途に異動が行われているから、新校舎に入るか否かはどの教員もおおよそ見当がつく。このような状況で、現行の教育体制も維持しつつ、しかもその体制をある意味否定するカリキュラ

ム、時程表、年間行事、教科内容等の全般にわたって論議しなければならず、おまけに移転後すぐに実行できる計画にしなければならないのだから、ことは厄介である。1年間じっくり論議して準備しようと思えば、人事はその前年度から始まることになる。基本構想から基本計画までにすでに2年が費やされた。3年目は、直前の4年目に学校運営について詳細な準備ができるための基盤づくりの年となった。人事に関しては、新至民中学校の構想を練ってきた渡辺本爾教育長や山下忠五郎校長がおられるから安心である。残された3年目の課題は、卒業して新校舎には入らない生徒や保護者への気配りと、異動するかもしれない教員も奮起できるための配慮である。この役割を果たしてくれたのが設計工房顕塾である。設計者はワークショップを開くことで、3年生から意見を聞きながら、生徒の思いを校舎に具現化することを確約し、教師には基本設計に加わることで「創る」ことの楽しみを共に享受できる場を設けた。協働して行う学校づくりを手間暇惜しまず実行してくれた。

　ところで、学校の中をまとめるのには、学校の外の果たす役割が大きい。福井市には20校ほどの中学校がある。他の中学校から見れば、至民中学校ばかり特別扱いを受けるようならばおもしろくない。文句のひとつも言いたくなろう。逆に、至民中学校の内部から見れば、福井市の中学校教育の未来を至民中学校が担っていると思えば、誰もが元気づくものである。この矛盾を渡辺教育長は上手に解決した。至民中学校は、学年が5学級になることを見越して設計をしている。しかし、建設後数年は4学級である。そこで当分の間、校区外からの入学者を募り学校選択の試行を行いつつ、教科内容を含む学校づくりの特別研究指定校とした。さらに、福井大学教職大学院の拠点校となることで、大学教員が隔週やってきて協働して学校改革に取り組む学校とした。

　このような新しいシステムにチャレンジすることを理由に他の中学校から協力を仰いだわけである。市内全域から各教科で中心的に活動している教員を集め、至民中学校の教科内容と建築についてサポートする協力者会議

を組織した。市内から教科を代表する先生方が集まってくるのだから、至民中学校の内部が引き締まらないわけがない。この組織は建設終了後「福井市中学校教育研究協議会」に変貌していく。今にして見るとこれには渡辺教育長の強かな思惑が隠されていた。「至民中学校は異学年型教科センター方式という初めての試みを行うので全ての中学校が協力してほしい」と訴えつつ、至民中学校で新たな取り組みを実施し、実は、その成果を市内全域の学校に移植するパイプの役割を期待していたと思われる。ユニークな学校づくりをする学校は全国にいくつかあるが、いつまでたっても点のままである。市内全域に広がるための組織づくりが重要なのであろう。

　開校後、渡辺教育長は「至民中学校は特別」を口にしなくなる。至民中学校の取り組みは他の学校の運営や教育方法とかなり異なっており、対比してみることで教育に潜むドミナントストーリーを浮かび上がらせ異化するのに役立つはずである。「同じことを至民中学校ではなく、自校であったら何ができるか、それを追究してほしい」。協議会に出席する市内の教員に対する教育長の投げかけは変化した。

・学校の時間をデザインする
　異学年型教科センター方式を計画していた最初の段階では、異学年の学びの組織を際立ったものにしようと意気込んでいた。ホームベースの空間には、各学年1クラスからなる異学年集団が入り、この異学年集団の5つが生活や学習活動の核となる。この異学年の生活集団を「クラスター」と呼ぶことにした。つまり、5つのクラスターが自治を持ち、このクラスターの合衆国が至民中学校となるようなイメージでいた。入学式から卒業まで各クラスターが独自性を持つ。もちろん全校のセレモニーもあるがクラスターが協議して運営する。学習活動においては、「特別活動」、「選択教科」、「総合的な学習」等の時間を原資に、独自の探究活動の時間を特設する。また、ホームベースに隣接する教科がそのクラスターの中心となる教科であり、担任教員はその教科の教員である。そ

こで、生徒全員がその教科を「選択教科」として選び、教科に関する発展的な学習活動を異学年で行う。例えば、修学旅行をやめ、毎年、各教科にかかわる宿泊を伴う研修旅行を探究活動に絡めてクラスターごとに行う。そんな計画を立てていた。異学年で教科の発展学習を行い、毎年継承しつつ発展させる文化を創り出そうというわけである。

　ところが、協議する中で躓いてしまった。まず外部の意見。教育学者である東京大学の佐藤学氏に相談したところ、2009（平成21）年度から先行実施される新指導要領で「選択教科」がなくなることが判明した。また、至民中学校の教員からも次のような反対意見が出された。中学校入学と同時に中核となる教科を「選択教科」として選ぶことは、生徒には不可能である。また、国語、社会、数学、理科、英語の5教科が、建物の構造と教員数から見てクラスターの中核教科となるが、生徒から選択教科と連動するクラスターの希望をとると、人数のアンバランスが生じ、調整しきれない。さらにクラス替えを行わないと学級間のバランスが取れない等の意見が出された。クラス替えを毎年行えば、クラスターの学びを継承発展させることが困難になってしまう。

　加えて、福井県の方針で段階的に学級人数を削減していく方針が出されていた。1年から3年になるにしたがって段階的に学級の生徒数を減少させ、ゆくゆく30人学級に近づけていこうというわけである。これは、即ち毎年クラス替えが起きることを意味する。さて、どうしたものか。しかし、やれるところから変えていくしかない。変えた結果を受けてまた辛抱強く理想を失わず継続協議していく。これが教育改革の鉄則だろう。まずは、授業改革を先行させ、異学年の生徒組織であるクラスターの活動は、「特別活動」と「総合的な学習」を中心に取り組むこととした。これは第5章で触れることになるが「Cタイム」として展開することになる。また、クラス替えとそれに伴うクラスター間のメンバーの入れ替えも行うことになった。

・70分授業が授業改革の出発点

　さて、最初に取り組んだのは、授業の中に学びの文化の構築をめざした70分授業を中心とする授業改革である。70分授業を取り入れている教科センター方式の学校はすでにあった。新潟県の聖籠中学校である。教科センターの学校で、少しでも生徒の移動時間を減らそうと思えば、1日の授業数を減らし1コマの時間を長くするのが常套手段であろう。しかし、授業時間の変更は、そんなに容易なことではない。むしろ授業のあり方を根本的に問い直す試練が待ち構えている。

　産業心理学の成果によれば、作業効率を上げようと思えば作業時間を1時間以内にして10分程度の休憩を入れることが望ましい。この意味で50分の授業には意味がある。つまり、生徒が押し付けられて我慢してできる最適の時間なのである。逆に言うと、生徒の主体性が活かされる授業でなければ70分は持たないということになろう。生徒が教師の解説を聞き、板書をノートに書き取る授業から、生徒自身が解決策を考え、討議し表現し合う授業への変更である。新指導要領がめざす思考力・判断力・表現力の育成ともつながってこよう。至民中学校では、70分授業を通して生徒が主体的に探究し活用する問題解決型の教科授業をめざすことになった。

　ところが、70分授業になっても教科の総時間数は変わらないので、単純に生徒主体の活動を盛り込んだだけでは、今度は時間が足りなくなってしまう。70分授業の導入は、年間の単元構成の全てを見直すという大工事をしなければならないことを意味する。この大工事の中心を担ったのは研究主任の牧田秀昭教諭である。70分授業の導入結果、全ての教師が従来の授業に潜むドミナントストーリーに気づかざるを得なくなった。と同時に、教員集団自体が学び合う集団に変貌することになった。この教育課程改革と教員集団づくりの一部始終は第4章に描かれている。教師が教科の壁を越えて語り聞き合うようになる過程を見ていただきたい。これで学び合うのに適した学校建築と、学び合うのに適した授業設計と、学び合う教員集団が出そろったわけで、子どもの学び合

いの素地は整った。

　ちなみに現在、至民中学校の70分授業をいつ見ても一向に長いと感じない。感じないのは参観者自身も提案された課題について、生徒と一緒にその気になって考えているからなのだろう。提案された課題を自分に引き付け、自分の経験を総動員するのにはいささか時間もかかるものである。反対に50分授業では、思考の助走をつけているだけで時間切れになりはしまいか。指導要領で示された思考力・判断力・表現力を果たして50分授業で培うことができるのか、新しい学力を本当に培おうと思ったら、全国の中学校で授業時間の見直しをしなければならないのではないかと思えてくる。

・地域のボランティアが学校案内人
　学校建設の基本構想の段階では、地域との協働を大きな柱のひとつにしていた。至民中学校の校区は、福井市の住宅地として急速に開発されてきた地区である。この地域が地域として機能するためには、すでに消失寸前の農業を中心とする生産共同体から、福祉／生涯学習共同体へ脱皮する必要がある。その変革の鍵は学校にある。学校に公民館や福祉施設や図書館等が併設され、至民中学校が複合施設になり、コミュニティ・スクールとして住民参加の学校運営ができれば、地域のお年寄りと一緒に英語を習ったり、給食を共にしたりすることができる。そうすれば、敢えてボランティア活動を取り入れる必要もないであろう。学校生活自体が地域との交流であり、社会との接点になり、学びの場となるからである。

　ところが、ことはそのように運ばなかった。校区内に建替えになるような公共施設がないのである。地域の人たちが学校へ足を運ぶとしたら、学校の体育施設の開放ぐらいしか思い当たらない。建設に際して、地域の意見や要望を聞き、協働して学校を造ることはできる。しかし、その関係を建設後も永続させる関係にするのにはどうしたらいいのだろう。私は内心、地域の人たちが活用できる部屋（地域ステーション）を校舎内に確保するくらいのことで、地域との協働はあきらめざるを得ないと

考えていた。

　こんな悲観的な思考を吹っ飛ばしたのが渡辺教育長であり、設計者であり、山下忠五郎校長（当時）であった。特に山下校長は、公民館をはじめ自主的な学習サークルや地域出身の芸術家のところに足を運び、作品の展示や学習発表を学校で行うように働きかけてきた。至民中学校の試みと教育に果たす役割を説明して回ったのである。そして、展示や発表が回を重ねるようになると、生徒や地域の人たちの表情がじわじわ変わってくるのがわかってきた。地域の人たちが学校に来ることは開校時の花火程度の認識しか持ち得なかった自分を恥じずにはいられなかった。まずは足を運んでもらうことから始めた校長の取組みは、学校に来れば子どもとのかかわりが必然的に生まれ、もともとオープンである授業風景を目撃することにつながった。学校の中の様子がわかるようになれば、地域の方の表現の仕方も変わり、課題も生まれてくる。このような中で学校見学者に対するボランティアが始まった。至民中学校の見学者案内を金曜日に集中させて、地域のボランティアの方々が行うわけである。そのために、地域の方を対象に学習会が開催され、学習会を通してさらに中学校の建築方式や授業方法についての関心が高まってきた。今では、バスガイドのように旗を立てて校内を案内する風景が見られ、生徒から笑いが起こることもある。こういった取り組みの経緯については第6章で語られている。

　教育の根源的特徴は、その相互性にあろう。教える者と教えられる者の相互育ちである。教育は子どもだけが育つことはない。子どもが育つときには、かかわっている教師も地域も育つのである。生徒が地域の中に学びの芽を見つけ、その学びの中で自身の帰属を自覚し、アイデンティティを確立していくとき、子どもを受け入れる地域も成長していく。このような生徒と地域の相互性が教育課程の中に具体化されることが必要となろう。

　至民中学校の「Cタイム」は、校内の異学年集団の学びの機会であると同時に、学びの対象が地域に向けられ、社会という異年齢集団との学びを用意する時間になりつ

つある。この歩き始めのクラスター集団の様子については第5章を参照していただきたい。

　これで至民中学校の水先案内は終わりである。以後、関心のある章から読み始めていただいていっこうにかまわないが、業種を超えた協働を読み解いていただけると幸いである。

第2章

学びの継続を形にする「異学年型教科センター方式」

1　中学校教育の課題

　福井市南部、南江守町の小高い丘に、福井市至民中学校が移転新築されるということが決まって、今まで雑木林であった山肌が、学校用地として切り拓かれ、いよいよ学校建築が始まった。

　学校は常に地域のシンボルである。新しい中学校の建設は、新しい中学校教育の始まりでなければならない。建設にあたって、至民中学校にかかわる私たちみんなが、「21世紀の学校づくり」として、どんな理想を掲げ、どのような現実の課題を乗り越えて、「新しい中学校教育の実現」を果たそうとしているのか、それが今問われているのだということを強く感じるのである。

　田園の向こうに、ひときわ高く新設福井市至民中学校が、平成20年4月に開校する。そう思うと、胸は高鳴り、夢はふくらみ、新しい学校、新しい教育の姿が、次から次と浮かんでくるのである。

・「指示と規制」から「自立と協働」へ

　さて、今日の中学校教育の重要課題は何だろうか、ここで、今一度考えてみたいと思う。これまでの中学校教育の実態や特徴から広く考えられていることをまとめると、①生徒指導、②部活動指導、③受験（進学）指導の3つの指導について、そのあり方が常に問題となってきたといえよう。

　まずは、「生徒指導」の徹底ということである。中学校教育の基盤は、生徒をいかに規律正しく生活させるかということである。その基盤のないところでは、いかなる中学校教育も成立しない。「中学校教育」と言えば「生徒指導」と言われるゆえんである。そして、ふたつめには、生徒の持てるエネルギーを、「部活動」に向かわせ、「部活動」によって燃焼させることが重要であるということ。「部活動」の充実は、第一の「生徒指導」とも深くかかわる問題なのである。そして、最後は、諸テスト

に通じる学習指導によって、高校受験にかなう力を養うことである。「受験(進学)指導」は、中学校教育の最後にして最大の課題であるといってもよいだろう。これらの指導のあり様こそが、「中学校教育」の現実であり、3つの大きな課題であると言えよう。

そのための中学校教育の体制づくりとして、これまでは「指示と規制」中心の教育が、スタイルとしてシステムとして長く定着してきたと言えるのではないだろうか。

しかし、「21世紀の学校づくり」としての「新しい中学校教育の実現」を掲げる私たちは、今日の学校の役割を「学び続ける主体としての子どもの育成」であると、声を大にして主張したいと思う。そして、その「指示と規制」から脱却して、「自立と協働」を中心に据えたスタイルに切り換えていくことが求められていると考えるのである。

なぜなら、中学校は、そこで過ごす3年間の生徒にとって、大人社会に向かう、人としての土台づくりをする時期であり、生徒自身が自分を見つめ、自分を振り返り、自己解決・自己認識をする時期であるからである。また、生涯にわたって学び続ける力(意欲・意志、技能・能力など)をつける時期であり、多くの人との出会いを体験し、人間関係の幅を広げる時期でもある。さらに、学校だけでなく、家族や地域・社会に目を向け、社会の一員としても貢献する時期であり、過去、現在、未来という時代の流れを把握し、夢や希望を描く時期でもある。そして、このような価値ある時期を送る場として、学校は極めて重要な役割を担っているからである。今、「自立と協働」を教育の基本に据えて学校づくりが行われることが、いかに切実な課題であるかということをもう少し詳しく考えてみたい。

今日までの中学校教育は、中学生の持っている自他へ向かう積極的な、前向きな、爆発的なエネルギーを、「指示と規制」によって内部燃焼させる方向で捉え、そういう方向づけに力を注ぐあまり、「自立と協働」という、たくましい視野の大きい人間の育成を基本にする教育の

> **【Column】**
> ## 学力・体力ともに全国トップクラスの福井県?
>
> 　全国学力・学習状況調査(2007〜2009年)によれば、福井県は3年連続小中学校ともども全国で1、2位の成績である。また、全国体力テスト(2008年)の結果も男女とも小学生が全国トップ、中学生が2位の成績である。
> 　こういった結果をどう考えたらよいのだろうか。福井県によると、家族のあり方を含め生活環境が比較的整っていることが理由として挙げられている。朝食をとる、家族で会話をする等、教育活動を支える子どもの生活が安定しているのである。
> 　もうひとつ理由がある。それは教員の力量にかかわってである。福井県の教師は研究熱心である。自主的な教育研究活動が、他の地域に比べ多いのではないか。そもそも至民中学校のような学校ができること自体、教師の教育熱心さの表れかもしれない。これからも教員が協働しながら教育活動を組み立てる風土を育てたいものである。
> 　ところで、至民中学校のような学習活動をしていると、部活動やペーパー学力に差し障りが出るのかと危惧される方もいよう。現在のところ全く心配はない。意欲的に学校生活を組み立てようとする力は、同時に生徒に自律を求めるものである。
>
> 　　　　　　　　　　　　　　　（松木健一）

視点を欠いてきたと言えるのである。

- 「生徒指導」「部活動指導」「受験(進学)指導」の
  中学校教育

　青少年の規範意識の低下が叫ばれ、基本的な生活習慣の欠如や問題行動の実態が報道されたり、諸外国と比較して日本の子どもたちの自尊感情の低さなどが指摘されている。子どもたちの現実は、今や危機的状況にあると言われ、そのために学校教育はもとより、家庭教育や地域の教育力についても様々な論議が繰り返しなされてきたし、現在もなされている。そして、そうした中で、中学校教育が最重点課題として力を注いできたのは、「生徒指導」の充実に他ならない。

　本来、生徒指導は、生徒自らが、いかに生きるかを考える地道な「生き方指導」であるはずだが、学校においては、いじめ・不登校・非行や問題行動への、日々の差し迫った状況への対処に追われているのが現実である。

　また、子どもたちの身体的・精神的成長における、感動体験の場としての「部活動」の果たす役割は、青春時代を飾る何ものにも代えることのできない貴重な財産を得る場であるけれども、一方、「部活動」は、学校の組織的・

集団的・目標志向的活動として位置づけられ、思春期の屈折した中学生の意識を、ストレートに「勝つこと」に集中させる場としても機能してきたと言えよう。技術を磨くことの苦労や集団の中の人間関係のありようを学ばせながら、成長期にある子どもたちの内的エネルギーを燃焼させる場として、「部活動」は過大とも言える役割を常に担ってきたのである。

こうした「生徒指導」や「部活動」を基盤にして、中学校教育の最終の真価が問われるのが、「受験（進学）指導」の結果である。義務教育としての小中学校の果たす役割は何かというような本質論を考えるというのではなく、中学校卒業にあたり「どの高校に合格したか」という「高校入試の成否」こそが、中学校教育の最終の責任であると言われるところに、厳しい現実があると言ってもよいだろう。そうであれば、いかなる学力論議があろうと、中学校のめざすところは、まずペーパーによって判断される能力の育成に、何が何でも取り組むことが肝心になってくるのである。

子どもたちの能力が、いかに無限の可能性に満ちたものであろうと、中学校現場の日々の教育活動は、今いる子どもたちの一挙手一投足に対する、そのときどきの対応の仕方が問題になるのである。ひとりの子どもの小学校6年間の歩み、それから、継続する中学校3年間の歩み、そして、高校へとつながる成長発展の軌跡について、思いをめぐらし、子どもと共に考え悩み、一人ひとりの長き尊い人生について語り合う余裕などないに等しい。そういうふうに私たちは捉えてきたのではないだろうか。

このように、小中高それぞれが、断続的に存在している限り、子どもたち一人ひとりの人間としての成長過程も断続的、部分的に捉えられ、その限定された中での成長の良し悪しが問われることとなり、各学校は、いきおい内部の対応や内部の諸問題解決にのみ努力していかざるを得なくなるのである。

「生徒指導」と「部活動指導」と「受験（進学）指導」にまとめられる中学校教育は、まさにその結果責任を果

たすために、「指示と規制」という言葉に象徴される手法によって、自らの教育のあり方を規定してきたと言っても過言ではないだろう。

従来の教育に対する一般的考え方が、「小学校は小学校としての責任を負い、中学校は中学校としての責任を負う」という校種別の責任論を中心にしていることを考えれば、教育のありようをそれぞれ完結するものとして捉えてきたのである。しかし、教育の営みは常に継続しているものであり、子どもたち自身が自己の学びをいかに持続し継続していくかが重要なのである。そういう意味から言うと、今日の教育改革の基本に据えられなければならないのは、「自己の学びを継続させる主体としての子どもの育成」のための改革であるかどうかということである。

・学びの断続──「完全学校週5日制」がもたらしたもの

我が国の教育の大転換は、すでに1992(平成4)年度からの月1回、1995(平成5)年度からの月2回、2002(平成14)年度からの「完全学校週5日制」のスタートにあると言えるだろう。

そして、「完全学校週5日制」がもたらした最大の問題点は、子どもたちに「学びの断続」を引き起こしたことではないかと考える。近年は、土・日の2日間だけではなく、社会的な要請による3日連続の休日、祝日が増加し、週4日で学校が休みとなることも多い。

こうした中で、1週間を通して、子どもたちが「学びのリズム」を正しく形成することは非常に難しい。週の始まりと、週末の学校の子どもたちの姿を前に、教師の苦労は、「学びの継続」をどのように図り、その結果としての「学びの定着」をいかに確かなものにするかということになる。

休日における社会的な受け皿の有無や、そのあり方も問題であるが、「学びのリズム」を取り戻すこと、即ち、5日制における「学びの継続」に、今こそ大胆に取り組まなければならないところに、今日の学校の大変さがうかがわれるのである。

「学びの断続」ということは、子どもから「学ぶことの意義」を見失わせ、「学ぶことの楽しさ」を奪い、「学ぶことの充実感」や「学んだ自信」を縮減させてしまうのである。「学校週5日制」から見えてくるこうした負の影響を「学びの継続」という視点からプラスに転換させることが、学校現場の今日的課題として捉える時期に来ているとも言えるだろう。

　それは、長期休業中の学びについても言えることである。長期休業を、子どもたちの「学びからの解放」と捉える時代は過ぎた。1年365日のうち、学校の授業日が200日であるとき、長期休業もまた、「学びの継続」という視点から捉え直されなければならないと思う。

　子どもたちの学びを断続させてはならない。子どもたちこそ、生涯学習社会に生きる、かけがえのない一人ひとりなのである。

　いじめや不登校をはじめ、毎日のように報じられる犯罪や無法行為等々、悲しむべき子どもの状況は、「学びの断続」によって、いっそう解決を困難なものにしているのである。「学びの継続」を重視するということは、即ち、「学び続ける主体としての子どもの育成」ということであり、今日の学校教育の果たすべき大きな役割と責任の回復であると言うことができる。

　そこでは、教師の「指示」や「規制」によって、学びが継続することはない。「学び続ける主体」としての子どもの育成を図らない限り、「学びのリズム」も長期休業中の豊かな学びも生まれてはこない。子ども自らが、自己の意志・自己の意欲・自己の力によって主体的に取り組むこと、その基盤の上に、仲間や周りの人々との協働によって更なる成長を遂げていくことができると言えるのではないだろうか。

・自立と協働へ──中学校教育のあるべき姿

　人間の成長は、生涯にわたるものであり、小学校で完結するのでも中学校で完結するのでもないだろう。時間・空間と共に、生涯にわたって発展・拡充し続けるものであるだろう。

今日、求める子どもの姿を、「自ら考え、自ら判断することのできる力を持った子ども」としていることに誰も異論はないのに、その実現が困難なのはなぜだろうか。私たちは、今日までの中学校教育のあり方そのものが、「生徒指導」、「部活動指導」、「受験（進学）指導」を3本柱に、生徒を受身の立場において、生徒自らの活動の場を閉鎖的・限定的にしてきたからだと考えるのである。

　本当は、生徒自らが、自己の学びの意義や意味を確かめ、自己を振り返り、今後の自分のあり方を予測し、今を見直し、多くの人々とのかかわりの中で、生きていくことの楽しさや苦しさについて考えるという、中学生時代特有の積極的な時間と場を設定することが、中学校教育のあるべき姿と思わずにはおれない。

　自立する個を育てるということは、「人間関係の希薄化」、「コミュニケーションの不足」、「表現力の低下」、「かかわる力の欠如」等々、深刻な子どもたち自身の状況を立て直し、「協働」によって共に乗り越えていく力となる。「自立」は、試行錯誤や成功・失敗の体験と深く関係していると言われるが、それは自他の「協働」体験の広がりや深まりの中で培われるものである。今こそ、「自立と協働」という中学校教育の今後を示す理念のもとに新しい一歩を踏み出すときに来ているのだと私たちは考えたのである。

2	新しい福井市至民中学校の教育改革

・学びの継続のための「異学年型教科センター方式」

　学びを忘れ、学びを失い、学びを放棄した多くの子どもたちの現実を直視しなければならないと思う。今こそ教育は、「学びを継続する主体としての子どもの育成」を基本に据えて、そのあり方を問い直し、改革していくことが求められているのである。

　「教科センター方式」は、その具体策のひとつとして、

新たな学校建築との関係の中で先進的に実現してきた中学校教育である。全国的にはその数は少数であり、一部に「生徒指導」の面からの失敗事例も報告されている。しかし、私たちがここで提案するように、建築と教育の中身を一体のものとして捉えるならば、新しい福井市至民中学校の「異学年型教科センター方式」の導入は、極めて大胆に新しい中学校教育を拓くものであると確信するのである。

　従来の中学校は、同学年毎に教室を配置することで、あらゆる教育活動において学年毎のまとまりを重視してきた。それに対して、新しい至民中学校の「異学年型」では、基本的に、1年生から3年生までの各1クラスのホームベースが、ラウンジを中心に配置されて生活エリアを構成している。一方、教科エリアはオープンスペースを中心に教科教室が配置されており、この教科エリアと生活エリアを結ぶ所に教員のステーションが位置して

【Column】
「教科センター方式」に反対だった私が……

　2003（平成15）年7月に基本計画策定委員会が設置され「生活空間と学習空間を可能な限り融合した"教科センター方式"」の採用が決定された。それも"異学年型"の……。

　初めの委員会では、硬直化され画一化されている私の頭の中では、「今の至民中学校で教科センター方式の導入が可能か？」「教科センターのメリットは何か、デメリットはないのだろうか？」「教育改革の成果をより進めるのか、マイナスに働くのか？」と自問自答をしていた。

　審議の半ばになって、硬直化した自分の頭の中で次のような結論を得た。「学校・教師の問題意識次第、取り組む姿勢次第」と。教科センター方式の成否の鍵は、学校としての問題意識の存在であり、そのプラス面を生かし、マイナス面をプラス面に転換する経営姿勢にある。

　私にとって、学校移転、教科センター方式の導入は、これまで構築されてきた学校生活について、その設計図を引き直した作業といってもよい。これまでの「多くの知識を教える教育」から「生きる力をはぐくむ教育」へと学校が大きく変化していくなかで、「これからの中学校をどうつくっていくか」という視点で、学校の組織や経営全般にわたって見直すのであった。

　単に教科センター方式を採用するのではなく、それに伴う学校運営、学習指導のあり方、生活指導、学年・学級などに関する運営、及び指導内容・方法 等、全面的に改革していこうとするものである。

　幅広い議論を可能にし、新しい可能性を感じさせる教科センター方式の至民中学校。何より教科教室や教科メディアセンターといった新しい空間が、教育方法の展開に大きなインパクトを与え、様々な教育課程に新しい取り組みを起こさせる力を持つことを願っている。　　　（元校長／吉田和雄）

いる。そして、この教科と生活の両エリアがひとつのクラスター(房)を構成するという今までにない方式をとっている。

　これは、「学びの継続」を重視し、異学年がより身近に互いの活動を活性化することができるように、そして「自立と協働」が自然の形の中に行われるようにと考えられたものである。

　私たちが、特に主張したいことは、次のようなことである。まずは、教室は、教科学習の拠点であり、本来の「学び」の姿を創出する。次に「学びの継続」は、異学年型教科センター方式によって、可能性を拡大する。そして、異学年体制の中での徹底した「自立と協働」の学びが、教師と生徒の学びの質を転換・向上させることである。

　「学び」の具体的な姿は、第4章と第5章にゆずりたいが、ここには「新しい中学校教育」としての学びの姿があると言いたいのである。生徒は教科学習の学びの場である教科エリアと異学年と学級活動の場である生活エリアというふたつの別々の居場所を活動の場に持って、「自己改革」としての成長を成し遂げていくのである。

・**教科教室における「学び」の姿**
　改めて、生徒の学校生活の中心は、また、教師の指導役割の中心は何だろうかと考えるまでもなく、中学校教育の中心は「教科の学習」であり、「教科の授業」である。今、中学校教育が原点に立ち返って明確にしなければならないのは、「生徒の学び」をどうするのかということであろう。そのために、「異学年型教科センター方式」の新しい至民中学校は、各教科専門教室において、生徒の「教科学習の意識化」を図り、本来の「学び」の姿を求めていきたいと思う。では、「学ぶこと」とはどういうことだろう。

　まず、「学ぶこと」そのものに意義があり、「学ぶこと」そのものが目的であること。「学ぶこと」そのものに楽しさがあり、充実感や自信が得られること。「学ぶこと」によって、自己の目標や夢が達成されること。「学ぶこと」によって、自己改革という成長を遂げられること。

教科エリアには学びの痕跡が蓄積され、他学級や他学年に影響を与えながら学校文化が創られていく。

「学ぶこと」は、「学校文化の創造」を意味するものであること。以上のような「学ぶこと」のために、教室における「授業」に、生徒も教師も全力を尽くすのである。「異学年型教科センター方式」は、教科の特質を踏まえて教室経営がなされ、机や掲示板の物理的な配置から教科の内容まで、多様な「学び」の創出に大きな影響を与えるものとなる。

つまり、教科学習の専門教室としての経営によって、生徒の教科学習に対する意欲や意識に有効な刺激を与え、「学び」を強化していくことになるのである。そのことは、「学びの継続」としての課題探究の学習を根づかせ、更には、学級・学年を越えた「学び」の拡大につながり、生徒の中に「学ぶこと」を通して「自立と協働」の働きを定着させていくものとなる。

教科教室を中心に行われる有形・無形の「学び」の姿は、それぞれが「学校文化の創造活動」となり、その積み上げ・位置づけによって、長期的な展望に立てば「学校の伝統」、「学校の歴史」として認識されるようになるのである。

・大改革としての「学校文化の創造」を掲げること

　従来の学校は、同学年体制という各学年主体の運営によって、学級＝生活＋学習の場として機能してきたのであるが、新しい至民中学校では、教科学習に焦点をあてて、教科センター（教科教室＋オープンスペース）＝教科学習の意識化を図る教室として、授業を大胆にまた多様に改革・改善していこうというものである。

　それは、中学校教育のありようを、「指示と規制」という教師側からの発想によって捉えるのではなく、「自立と協働」という生徒側からのあり方追求なのである。新しい至民中学校の「異学年型教科センター方式」の基本原則は、教師側から生徒側へ大胆な視点の転換であるというところに最大の特徴があると言える。それは、生徒の全ての「学び」の活動を「学習」という限定された範囲を超えて、「学校文化の創造」というもっと大きな価値を築く活動であるという一点に集約して捉えることにより、中学校教育の大改革を図ろうという提案なのである。

　「学校文化の創造」は、簡単に図式的に説明すれば、①学習文化、②生活文化、③行事文化に分けて、その創造活動を捉えることができるだろう。

　教科教室における授業は、学習の深まり、広がりを可能にする。隣接するオープンスペースの利用、常駐する教科担任の指導や支援、異学年の複数学級が存在するクラスター構成などが、合同授業や交流授業といった授業形態を日常的に生み出し、授業を多様にし、それに従い、学習内容も拡大し豊富なものにしていく。「自立と協働」の中で展開する各教科の授業は、生徒と教師による「学習文化」の創造活動に他ならない。学習の過程・結果としての成果、それら全てが「学校文化」として尊重され意義づけられることが大事なのである。先に述べた「教科学習の意識化」は、専ら「学校文化の創造」にかかわる活動への土台となるものである。

　生活エリアは、それぞれの生徒の居場所としての学級であり、生活の拠点である。現在の学校が、同学年体制で学級配置を考えているのに対し、新しい至民中学校は、

教科教室の配置とかかわって、「ホームベース」（至民中学校では「ホーム」と呼んでいる）を異学年配置として、ひとつの教科クラスターは、ひとつの小さな学校ともいうべきスタイルをとって構成されている。

　生徒の人間関係を日常的にできる限り幅広いものにするために、同学年に偏らず、常に異学年体制の中で、自己の生き方や成長に対して、即ち、自己改革について客観的な視野を持って行動できることが特に重要視されるのである。

　現在の生徒会活動も、異学年体制であるが、それは学校行事中心の活動に限定されがちであり、広がりや深まりが困難なところがあるが、異学年体制による生活エリアの設置は、日常活動へ生活化していく大きな役割を果たすものであり、クラスターごとの課題に沿って、ホームの中で生まれた様々な活動は、異学年協働の形となって「生活文化」の創造活動として取り組まれるものとなる。

　こうした「学習文化」や「生活文化」の向上は、従来までの「行事文化」を改革し、新たな「学校文化」の創造につながるものとなるだろう。新しい至民中学校の教育は、異学年協働体制という新しい体制のもとに、生徒一人ひとりが、至民中学校の学校文化の担い手として、創造活動を展開し、それぞれの時代を切り拓いていくものとなるのである。

・**生徒は地域を背負う──「地域学校」としての存在意義**

　公立学校は、「地域学校」である。「地域に根づく学校」である。そして、学校は「地域のシンボル」でもある。学校が地域と一線を画し、他からの影響に左右されずに独自に教育することで本来のあるべき姿が追求できるのだという考え方もあるが、それは現実的ではない。

　学校は常に、「地域学校」として、その基盤を築き、地域と一体となる中で、学校としての役割を果たすことができるのであり、好むと好まざるにかかわらず相互に影響し合う関係にあると言える。だからこそ、その営みを充実させることが、今後の学校教育にいっそう求めら

れているのである。

　今日、小学校と比べて中学校のほうが地域との関係をあまり重要視しないのは、「生徒指導」、「部活動指導」、「受験（進学）指導」という教育の3本柱が、専ら学校内部において作用し、その対応に力点が置かれているからである。

　しかし、生徒は「地域」を背負って学校へやって来る。生徒の人生にかかわる、生き方を方向づけるとも言える中学校時代であればこそ、小学校以上に「地域」の存在は大きな比重を持って考えられるべきではなかろうか。

　人が人として生きる原点にあるものは、自分の生まれた家であり、地域であり、父や母をはじめとする人と自然と歴史など、それら全てのかかわりに他ならないだろう。「地域学校」としての位置づけを明確にすること、「地域」を一人ひとりの生徒の原点に据えて、今後を生き抜く土台づくりの場としての新しい学校づくり、新しい教育活動を展開することが、今極めて大事だと考えるのである。

　地域に開かれた学校づくりということは、既にどの学校にとっても具体策が検討され、特色ある取り組みがなされているところである。幸いに新しい至民中学校は、校舎建築そのものから、地域開放を視野に「地域交流棟」を設けて、平日・休日を問わずに地域との交流活動を展開しようとするものである。

　地域には地域独自の「地域文化」が形成されているのであり、それらとの連携・融合・交流しながら刺激し合い、影響し合い更なる新しい文化が共に生み出される。こんな素晴らしいことはないだろう。新しい至民中学校に、今までの学校にはない新しいイメージが付け加えられるのである。そういうところに、「地域学校」としての大きな存在意義があると言うことができる。

・全ての中学校へ──新しい至民中学校の役割

　「同学年体制」から「異学年体制」へ、「生活」と「学習」の場が一体となった教室から教科学習の専門教室へ、長方形主体の校舎からクラスター（房）型校舎へ、「地

> 【Column】
> ## 教職大学院の拠点校として何ができるの？
>
> 　教員の専門職化をめざす政策は、大学院を中心とする新構想大学（上越・兵庫・鳴門教育大学）の創設（1979年）、専修免許状の設置（1988年）、教職大学院の創設（2008年）と打ち出されてきているが、必ずしも成功しているわけではない。
>
> 　その理由は、教員の力量形成を教員個人の研鑽に求め過ぎたことに因る。学校は教員集団で構成されており、教師は同僚性の中で専門性を培っている。したがって、教員の力量を高めようとするならば、大学のキャンパスで個人中心に研修を深めてもあまり効果がない。
>
> 　福井大学の教職大学院では、主たる学びの場を学校に置き、教員集団の組織学習を支えること、教員が今直面している学校の抱える課題をテーマにすること、他の実践と対比しながら学びの内容を長期スパンで省察することを主眼としている。
>
> 　このような教職大学院の拠点となる学校のひとつが至民中学校である。2008年度は、至民中学校の教員2名が教職大学院に入学し、学校の研究活動の中核を担っている。さらに、2名のインターンシップの院生が年間を通して参画している。また、大学教員3名が至民中学校の企画開発委員会や授業研究部会に参加し、逆に至民中学校の教員の1名は大学院スタッフともなっている。
>
> 　大学院の存在は、常に外部からの情報提供と協議の機会を得ることでこれまでにない校内研修を実現させている。（松木健一）

域交流棟」と管理棟やクラスター棟との仕切り等々、新しい至民中学校は、校舎建築による教室等の配置の仕方も、その形も、また、そこで行われる教育活動の形態も組織運営の体制も、全てが現在の中学校の様子とはずいぶん異なった学校として、「新しい中学校教育の実現」を、教育にかかわる全ての人たちに提案したいと思う。しかし、ここではっきりしておきたいのは、新しい至民中学校だからできる教育を提案しようというのではない。福井市のどの中学校においても、また、日本のどの中学校においても、自校の教育のあり方について日々考え合い、工夫し合いながら「学び」の充実をめざす全ての人たちにつながる提案であり、取り組みでなければならないと思う。

　だから、福井市の「特別研究指定校」として、新しい至民中学校に課せられた役割は、①日々展開される授業における教師と生徒の「学び」の質的向上が、いかなる授業改善や授業改革によって成し遂げられているのかを明らかにする。②生徒の視点に立った学校教育活動が、どのような新しい至民中学校の「学校文化」として創造

され発信されているのかを明らかにする。③「地域学校」としての役割がどのように認識され、その位置づけがどのように進められているのかを明らかにする。④中学校教育が抱える諸課題に対して、新しい至民中学校の教育は、その解決のために何を提案し全体に寄与できるのかを明らかにする、といったことが考えられる。

そのために、市内外の中学校の教職員との連携・協力はもとより、大学研究者との共同研究による理論と実践の強化、更には、福井大学教職大学院の拠点校のひとつとして、先進的中学校として実践と研究を着実に果たしていくことが期待されるのである。

新しい至民中学校の教育が、「現場からの教育改革」として、力強く着実に一歩を踏み出し、注目されその注目に応えて、「新しい中学校教育の実現」に貢献できることを心から願ってやまない。

第3章

柔らかい学校建築が
つむぐ「学び」

| 1 | 生きる力と「柔らかい学校建築」 |

　「学校」と言えばどんな建物をイメージするだろうか。多くの人は、あの鉄筋コンクリート造の箱のような建物を、懐かしさと共に思い出すのではないだろうか。
　無味乾燥な教室を単調に並べたこれまでの一般的な学校建築は、画一的で、無機的で、効率一辺倒を思わせ、融通性がなく、「硬い」建築を感じさせる。その学校で子どもたちは、人生の最も多感な思春期に、一日の半分以上の時間を過ごす。また、近年の学校耐震化の流れを受けて、ただ補強することのみを考えて取り付けられたブレースによって、その環境は別の意味でもいっそう「硬さ」を増している。
　学校という場所で子どもが「生きる力」を身に付けていく上で重要なのは、自由な「時間」と「空間」ではないだろうか。自分で考え判断し行動する体験の中で、彼らは自主性をはぐくみ、自分なりの価値基準や倫理観を築き上げ、判断力を高めていくことができる。学ぶ楽しさや自由による責任を知る機会にもなり、想像力を養うことにもつながっていく。そうした、子どもが年齢に応じた体験を積み重ねて成長していくプロセス（時間）が重要なのである。勉強もある程度は必要だろうが、決してがんじがらめに縛るのではなく、生き方の原則だけは教え、あとは自分で行動できる「柔らかい環境」が必要なのではないだろうか。
　本来「学ぶ」という行為は、制度や建築の機能に束縛されない自由度があり、自分の暮らしの中からもそれは生まれるはずだ。身近なところで個々の興味や関心が芽生え、それらを探求発展させていくことで学びの楽しさを知る。また、それが他者との交流接点を見いだし、人との交流と協働へつながり、学びの楽しさをさらに拡大させていく。そしてひとりでに学びは深まり、さらなる学びへと誘われていくのである。
　私の恩師、建築計画の研究者である鈴木成文先生は「教

育とは、暖炉の火と同じですよ」と薪をくべながら私に教えてくれた。興味や関心の異なる子どもたち一人ひとりに必死になって向き合い、学びへと誘う「火」をいかにして点けるか。そのために建築は、子どもの個性があぶり出せる環境をつくる必要がある。それは、多様性を持った柔らかい空間・のびやかな時間・おおらかな環境ではないだろうか。そこに、硬さは必要ない。学びや生活といった区別もいらない。本来の「人間としての暮らし」と同じ環境が必要なのだ。何もかもがんじがらめにされそうな「硬い」今だからこそ、頭を、心を柔軟にさせる「柔らかい学校建築」が必要とされているのである。

・4つの「柔らかさ」

　2004年7月、(新)至民中学校建設プロポーザルコンペを獲得した私たちは、この「柔らかい学校建築」をテーマに学校づくりをスタートさせた。主に、次の4つのことを考えてきた。
①多様な教育活動を受け止めることのできる「柔らかさ」
――固定的な集団を一斉に教え込むだけではない、多様な集団と多様な教育活動の展開を柔軟に受け止め、またその創造を促す空間構成、仕掛け、しつらえを考えている。
②多様な規模の集団による活動を支え、連続させていく「柔らかさ」
――至民中学校では、クラス編成と学年のまとまりによる閉鎖的で固定的であった従来の学校運営を、様々な規模・集団での活動による運営へと変革している。学習集団、活動集団、異学年集団、学年集団、学校全体といった多様な編成で活動が内容と共に変容する、流れを持った学びのプロセスの実践をめざしているのだ。その規模と活動の連続的な変容に対して柔軟に追随していける空間構成を考えている。
③「学び」と「生活」が融合した「暮らしの場」としての「柔らかさ」
――「プロセス」による「学び」によって得られた「チカラ」には、詰め込まれた知識では発揮することのでき

ない「柔らかなチカラ」がある。教育機能のみを優先してつくられてきた学校空間に、「交わる」「憩う」「住まう」などの生活機能を付加させることで、曖昧性を持った空間をつくり出し、「生活」が自然と「学び」に、「学び」が自然と「生活」になる「暮らしの場」をつくり出す建築を考えている。

④時代に追随しつつ、新しい教育活動を創造していける「柔らかさ」
――学校には、いつでも生徒と先生が存在している。しかし、生徒たちは毎年入れ替わり、子どもたちが生きていくべき社会も変容していく。教育活動は、時代背景を受けつつ、前向きに新しい教育活動を創造し、変容していく必要がある。その変容を支えていける「場」を生み出すことができる建築を考えている。

　至民中学校が開校してから、学校を案内した女の子のひとりが「この学校やらかい感じがする！」と言ってくれた。「いつもの学校だとみんな直角でカチッカチッとしか動けない感じがするんやけど、この学校は動きにくさがない。やらかい」。地域の方は語る。「建物の丸さが、心をまあるくしている。子どもたちや先生たちをのびやかにして、顔つきを変えていった気がする」と。
　建築は、心を動かす。そして、その心はまた新たな環境を生み出す。「硬い学校建築」は、「こんなことしかできない」と思わせ、それをいつしか当たり前にし、それ以外思いもよらなくさせていく。「柔らかい学校建築」は「あんなことも、こんなこともできるかも」と思わせ、多様性を受けとめ、新しい文化を積み重ねていくことができる。それは、生徒・先生・地域の方の「夢」を受けとめる新しい学校の姿である。

2	敷地に仕える ——ここにしかない学校

ようやく「セブンイレブン」が参入し、「スターバックスコーヒー」でもドライブスルーが設けられる福井だが、中学校でも他に知られていない行事、「立志式」がある。中学2年生の冬にどの中学校でも必ずそれを行う。その名の通り、15歳を迎え大人の仲間入りを果たした自らが、ひとりの人として志を立てる式である。幕末の藩士・橋本左内が15歳で「啓発録」を記したことがその所縁となった。彼の像はどの学校にも鎮座している。私の頃は「立志の歌」まであったぐらいで、福井独特の風習といったらよいだろう。些細なことだがその積み重ねが、都会とは異なる時間と人をつくり出している。

私たちは地方の設計事務所であるが、20年程前からいくつものコンペに挑戦し続けてきた。特にここ数年、県内では学校建築のプロポーザルコンペが多く、試行錯誤し応募を続けてきたものの、残念ながら連戦連敗で、ほとんどが県外設計事務所に特定されるという結果に終わっていた。ただ、学校建築は、その土地に暮らす大人から子どもまで、誰もが一度は通ったことのある公共建築である。文化と風土に深く根をはる建築である。そして学校は、大人が地域の記憶と伝統を教育と一体化させながら子どもへと伝え、皆で地域の未来を想像していくべき場所であってほしい。だからこそ、学校建築は、地域の文化の元をなす「土」の匂いを知りつつ、地域に新しい「風」を吹かせることのできる地元の者こそが、設計すべきであるとの強い思いをいつも持ち続けていた。

福井で中学時代を過ごした人なら、必ず体験したことのある「立志式」。これからの自分の生き方に誓いを立てる儀式だ。

・里山の「葉っぱ」をイメージに

至民中学校は、市街地から1kmほど離れた高台にある。周囲とわずか十数m高さが違うだけなのに、空気が澄んでいて、生徒も「マイナスイオンがある感じ!」と表現するくらい、とても爽やかで瑞々しい風が吹く。

ここはかつて里山だった場所だ。眺めがよく、四季折々

に変化する水田の景色が広がり、福井市のシンボル足羽山をはじめとする町並みが一望できる。里山を削ってひな壇造成した敷地は東から北へ緩やかなカーブを描いた形状で、周りを歩いていると、その風景は里山、水田、街並みにと徐々に移り変わっていく。

　旧校舎は、近くに商業施設も立ち並ぶ、狭苦しい市街地にあった。しかし「わが故里は野山の界　幸に恵まれ人直き里」と校歌にも謳われているように、新築当時はここと同じように水田が広がるのどかな土地だったそうだ。当時中学生だった地域の方々は、「昔の環境に戻ったようだ、これでまた校歌とぴったりになった」と喜ばれる環境への移転改築だった。

　一般的に、既存学校の改築は通常その敷地内で行われることが多いが、移転改築で新設さながらの環境で設計できることは、設計者にとって貴重な経験だった。そして、それ以上に生徒たちにとっても何にも代えがたい大きな財産となる環境と言えた。

　とはいえこの豊かな自然環境も、里山を切り崩し、地域の伝説の残る「牛首池」という溜め池を埋め立てて造られた、いわば里山のたくさんの葉っぱたちの犠牲によって生まれたものだ。形も違えば、若芽から落ち葉まである葉っぱが、それぞれの役割を担って輝き、この森をつくってきた無限の葉っぱたちの舞台だったところだ。その舞台を引き継がなくてはならない。生徒・先生・地域の一人ひとりが個性を発揮して輝き、交わり、学び合い、地域の文化が生み出される、舞台となる学校を創ろう。そんな思いが、学校の核となる「葉っぱのひろば」のイメージを生んだ。ここでしか生まれない、至民中学校のイメージの始まりである。

・葉っぱの形──曲線のチカラ
　敷地の環境は設計者にとって、建築のイメージを生み出す大きな道しるべである。施主のように対話を重ねて、深くかかわる。その環境をじっくり感じて、偉大さや素晴らしさ、おもしろさを体で受け取り、畏敬の心でその個性と向き合う。「環境に仕える」という姿勢を持って

葉っぱが初めて登場したゾーニングスケッチ。「葉っぱ」が全ての中心になった構成となっている。

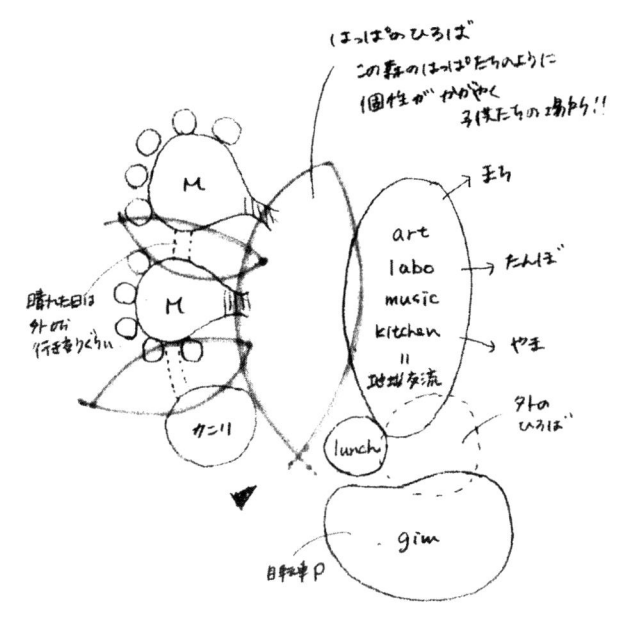

こそ、そこに相応しい「場所のチカラ」をもった建築を生み出せるのだ。ここでは、里山だからこそ生まれた敷地の曲線をありのままに活かした空間であるべきだと感じた。曲線は、眺めの移り変わりをつくり出してくれる。歩いていても、変化と発見があって、ワクワク感がある。一つひとつに輝きを与える風景をつくることができる。この敷地なくしては生まれなかった「建築のカタチ」「場所のチカラ」である。

そうして「葉っぱのカタチ」の空間が生まれた。

「葉っぱのひろば」と「葉っぱのカタチ」は、この敷地の豊かな自然・葉っぱたちからの大きな贈り物である。それが、「柔らかい学校建築」の全ての発端となった。だから至民中学校には、「葉っぱ」と名のつく場所がいくつもある。「葉っぱのひろば」「葉っぱの教室」「葉っぱのホール」など。そして、「葉っぱのひろば」や中庭の平面形状は、本当に葉っぱ型をしている。

第3章　柔らかい学校建築がつむぐ「学び」　　63

葉っぱ型の中央を囲んでのクラスターの記念撮影。葉っぱ型は皆で柔らかく囲み一体感を出せる。他にはないカタチだ。

第3章　柔らかい学校建築がつむぐ「学び」

> 【Column】
> **プロポーザルにおける審査の経緯、議論の内容・状況**
>
> 　至民中学校のプロポーザルコンペには、12件の応募があった。一次審査では、応募案全てに対して、校舎、駐車場、駐輪場などの配置に関する敷地計画、異学年型教科センターの処理、生徒たちの動線、生徒の居場所、地域開放スペースとその他のスペースとの関係などの平面計画に重点を置いて審査を行った結果、5社を二次審査に残した。
>
> 　二次審査では、5社の応募案のヒアリングを行い、質疑応答を行った結果、3社がそれぞれ捨てがたい特徴を持ち、1社に特定するのに困難を極めた。そのうちのひとつは、ひとつの教科センターを大きな正方形の平面形を持つ空間にまとめ、その中を自由に間仕切りできる特徴を持っていた。そのユニークな発想が高く評価されたが、日照、通風、異学年型教科センターの点でやや疑問が持たれた。
>
> 　もうひとつの案は、回廊に沿って、各教科センターが配置され、教室、ホームベース、教科メディアセンター、教科研究室などが並んでいる明快な動線計画ができていて、応募作品中最も完成度が高いと評価された。しかし、各教科センター内部が通過交通のスペースにもなることについては、落ち着きのない空間、異学年まとまりに欠ける恐れがあるのではないかという疑問が持たれた。
>
> 　もうひとつはクラスターと回廊の両方の特性を持つものであった。各教科センター内の落ち着きと、他の教科センターへの移動の便利さの両方を兼ね備えることが期待できた。各教科センターにつながる葉っぱのひろばは様々な使い方を期待でき、学校関係者から高い評価を受けた。最終的にこの案が選出され、設計プロセスでは各科目の教科センターの使い方やそれ以外の特別教室や体育館などユーザーと綿密な協議を重ねながら、現在の至民中学校が実現した。
>
> （福井大学大学院工学研究科教授・プロポーザル審査委員長／松下聡）

3　教育界からの「挑戦状」が新しい建築を生む

　プロポーザルコンペで教育委員会から提示された基本計画書には、様々な設計条件が記されるほかに、福井市の教育のコンセプトがはっきりと綴られていた。まずは「教科センター方式」であること、さらに、「異学年交流を考えた教科センター方式を積極的に行っていくこと」、「生活と学びを融合させた環境をつくりたいこと」、そして、「平日も地域に開放し休日の運営は地域で行うという、地域とともに学び合う学校」をめざしていくということ。このいわば「紙の施主」の個性を受けて生まれた建築の個性として生まれたアイディアが、至民中の配置構成にある。

・社会と同じ環境

　至民中学校の全国で初めての試み、「異学年型教科センター方式」と、一般的な「教科センター方式」の違いは、「教科エリア」の形成にある。至民中は最大540名を想定した中規模の中学校で、同規模の教科センター方式中学校では、教科教室とオープンスペース、教科研究室などで構成される「教科センター」が教科毎に構成され、生徒は時間割に沿って教科を移動する。各クラスの拠点となる「ホームベース」は、その教科のまとまりに対して同学年で割り当て、教科と学年のエリアを兼ねた構成とする例が多い。

　しかし、至民中学校では、国・社・数・理・英の5つの教科センターそれぞれに、「クラスター」と呼ばれる集団を形成するクラスの生活拠点「ホーム」と異学年の共有空間「ラウンジ」を付属させて、ひとつの「教科エリア」という場所を形成している。1、2、3年の異なった学年のクラスを縦割りにしてつくる集団が「クラスター」で、レッド（国語）・ブルー（社会）・イエロー（数学）・グリーン（理科）・パープル（英語）の5つの教科カラーの名前がついている。この「クラスター」が学校運営の全ての基盤となっている。

　5つの「教科エリア」をひとつにまとめる場所として、多目的空間「葉っぱのひろば」を学校の中心に据えている。この「ひろば」には特別教室である音楽室の「葉っぱホール」、美術室の「アトリエ」、技術室の「ラボ」、家庭科室の「ライフデザインスタジオ」、調理室の「キッチンスタジオ」、ランチルーム「しみんホール」、メディアセンター（図書館）、多目的教室「葉っぱの教室」などを面させて配置し、地域交流棟「葉っぱ棟」としている。これら特別教室は、地域開放の対象の教室にされることが多いが、管理のしやすさや音の問題などから、生徒の日常生活空間から切り離された位置に配置されがちだ。しかし、至民中学校では、生徒が行き交う動線の中に、あえて「葉っぱのひろば」を組み込んだ。ここは教科のオープンスペースでもありながら、生徒の生活や地域が交じり合う"まちかど"でもある。先生と生徒だけ

学校の要として中心に位置する「葉っぱのひろば」。至民中の象徴とも言える場所である。

中規模校の教科センター方式の例

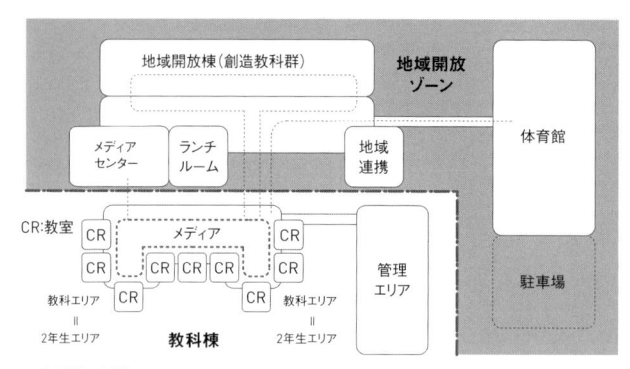

■ 空間的な特徴
1. 教科エリアに、学年毎のホームを配置
2. 地域開放ゾーンを教科棟とはっきり区分

▼

・教科の雰囲気と学年の雰囲気とが重なり、教科の場所が学年の領域化されやすい。
・学年内の担任が複数教科で構成される場合、クラスと教員の連携がとりにくい場合がある。
・生徒の日常生活空間が教科棟に集中しやすく、メディア空間が煩雑になりやすい。
・地域開放ゾーンが生徒の日常空間になりにくく、平日地域開放されていても交流が発生しにくい。

異学年型教科センター方式に合わせた至民中学校の配置構成

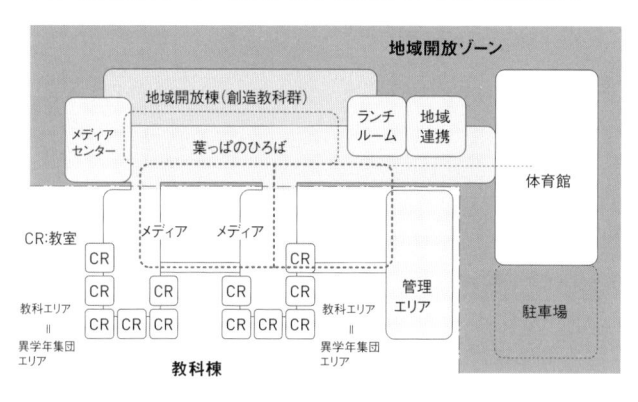

■ 空間的な特徴
1. 教科エリアに、異学年集団のホームを配置
2. 教科ごとにはっきりとしたエリアを構成
3. 教科エリアをつなぐ、学校の中心に「葉っぱのひろば」を配置

▼

・異学年集団のまとまりをつくりやすい。
・異学年集団と教科を連携させた運営が可能。
・異学年集団内の担任を教科で固めやすくクラスと教員の連携もとりやすくなる。
・「葉っぱのひろば」によって学校全体の一体感をつくることができる。
・地域開放ゾーンを生徒の動線として取り込み地域と交流しやすい環境がつくれる。
・活気のある多目的空間「葉っぱのひろば」をまちかどのような空間とすることができる。

ではなく、地域も含めて様々な人が存在する、社会と同様の環境をつくることにした。

・教育界からの挑戦状——5つの小さな学校

　ただ基本計画書は、あくまでも紙であり、分からないことも多い。コンペを勝ち取って、基本設計がスタートした2005年3月、基本計画策定委員会委員長の松木健一先生（福井大学教職大学院）に話を聞くことにした。するとこの「異学年型教科センター方式」については、もうひとつ大きな狙いがあった。

　松木先生によれば、異学年集団「クラスター」は、日常の給食・掃除はもちろんだが、遠足・研修・学校祭などの行事も生徒自身で企画して成しとげていく「自治活動」を考えている。そして、先生の配置も、属する教科の先生＋葉っぱ棟に教室を持つ先生によって「クラスター」の担任を構成し、それをひとつの学校運営の組織と考えていく。教科研究室「ステーション」が"小さな職員室"となる……つまり教科センターごとで"小さな学校"をつくるということだった。

　教科センター方式を採用すれば生まれるはずの異学年交流。しかし、普通は生徒指導を理由に交流をわざわざ遮断し、学年のまとまりをつくろうとする。このせっかくの異学年交流をもっと発展させ、学校文化の継承の仕組みとする、先生も生徒指導という観点から、教育の矛先を変えていけるのではないか……。"中規模だからこそ"至民中が逆手にとってできる教科センター方式——それは教育長と松木先生が語り合った中で生まれた教育改革への熱い思いだった。そして、それは教育界から建築への挑戦状のように私は受けとめた。

・「共同体の基地」を生む空間構成

　その後私たちは、各教科エリアの「ホーム」空間についてプロポーザルから発想を大きく転換させた。「ホーム」とは、一般的には「ホームベース」と呼ばれるクラスの拠点となる場所のことで、学級活動を想定して教科教室と一対にロッカールーム的につくられる例が多く見

クラスターを構成する異学年のホームが1ヵ所にまとまり、向き合うクラスターラウンジ。異学年はいつもそばにいる。

中規模校における一般的な教科センターの構成

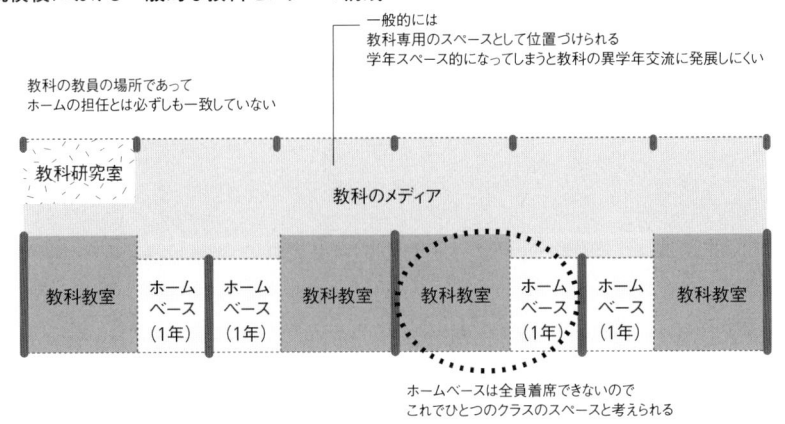

- 教科研究室：教科の教員の場所であってホームの担任とは必ずしも一致していない
- 教科のメディア：一般的には教科専用のスペースとして位置づけられる　学年スペース的になってしまうと教科の異学年交流に発展しにくい
- ホームベースは全員着席できないのでこれでひとつのクラスのスペースと考えられる

構成：教科教室／ホームベース(1年)／ホームベース(1年)／教科教室／教科教室／ホームベース(1年)／ホームベース(1年)／教科教室

教科エリアの構成＝小さな学校（理科エリアを例に）

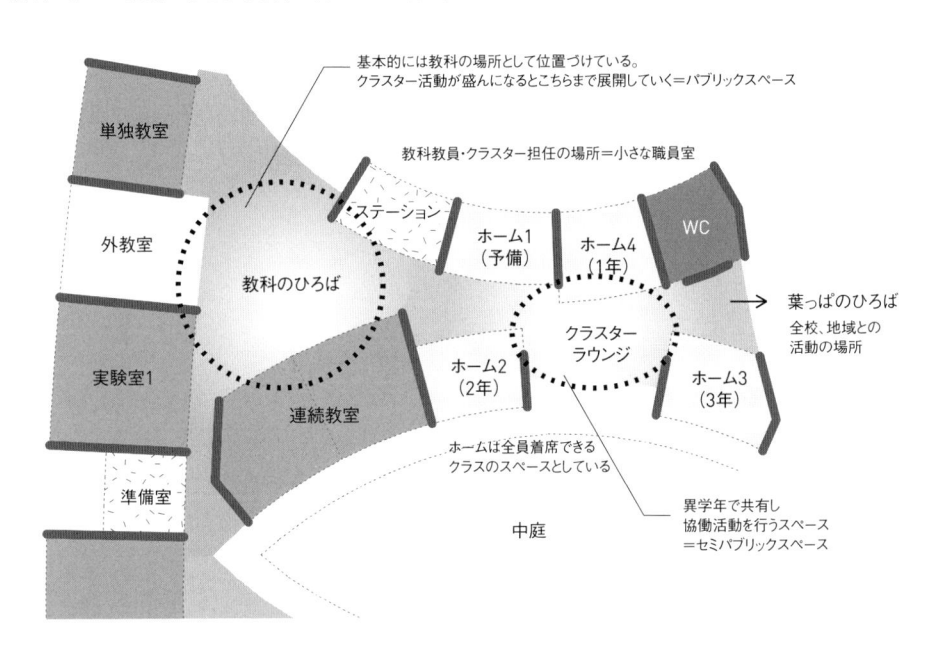

- 単独教室、外教室、実験室1、準備室、連続教室
- 教科のひろば：基本的には教科の場所として位置づけている。クラスター活動が盛んになるとこちらまで展開していく＝パブリックスペース
- ステーション：教科教員・クラスター担任の場所＝小さな職員室
- ホーム1（予備）、ホーム4（1年）、ホーム2（2年）、ホーム3（3年）
- ホームは全員着席できるクラスのスペースとしている
- クラスターラウンジ：異学年で共有し協働活動を行うスペース＝セミパブリックスペース
- WC
- 葉っぱのひろば：全校、地域との活動の場所
- 中庭

られる。面積的つまり予算的にも合理的な構成であり、当初私たちもこの配置をとっていた。

しかし、異学年型の"小さな学校"をめざすからには、クラスター毎、学級毎に協働できる"共同体の基地"をつくることが大切であると考え、ホームはグループ机を設け、全員が着席できる空間へと転換した。面積的に困

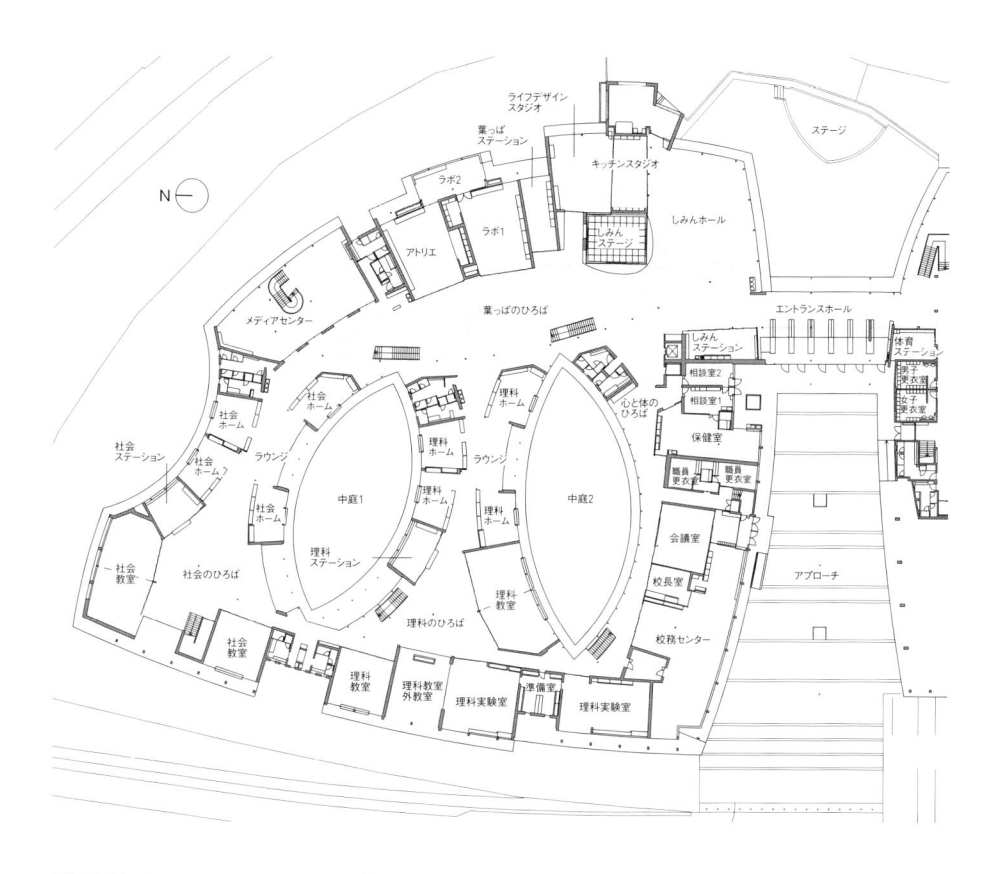

1階平面図　S=1:1,000

難になるところも、幸い、至民中が30人学級を想定していたことから、各教科教室の面積を30人対象の空間に縮め、それをホームへ還元し何とか切り抜けた。

　さらに、ホームの位置も教科教室の背後ではなく、クラスター毎に固めて配置した。1〜3年のクラスのホームを1ヵ所にする、つまり先輩や後輩がいつもそばにいることで、問題が起こりやすくはないか、ストレスになるのではないか、不安がなかったわけではない。しかし、そうした"なわばり"意識では、異学年間の溝はいつまでたっても埋まらない。社会と同様、異なる能力を持つ者同士が生活を共にし、協働し合っていける環境を選択した。異学年型教科センター方式という教育を存分に生かすための決断だった。教育からの刺激が「柔らかい学校建築」の新しい空間構成を生んだ。

　私たち設計者は建築のファシリテーターであり、自分

自身の感覚を大切にしながらも使い手の様々なことを想定し、小さな引っかかりにも立ち止まり、考え、方向性を導き出し、空間を創り出す。建築にはもちろん答えなどないから大変だ。しかし、理念という背骨を持ち、「柔らかい」姿勢で取り組むことによって「柔らかい学校建築」は生まれるのかもしれない。

・柔らかく連なる教科エリア——曲線のもつチカラ

　異学年集団「クラスター」による活動も「学び」と捉える至民中では、活動内容の変化に伴って、まとまりが多様に変化していく。ひとりの興味が数人を動かし、やがてグループが全体を動かしていく。

　それと同時に、コミュニケーションのありようも変化していく。だから、これを支える多様な広さを持った空間、活動とリンクした空間の連なり、多様なコミュニケーションを支える仕掛けを用意する必要がある。これが、これまでと全く異なった学校空間を創り出しているのだ。

　教科エリアの空間構成はグループ机があって全員が着

曲線を用いた空間の風景は次々と変化する。そのワクワク感が移動を楽しませ、生活を学びに変える仕掛けでもある。

席できる「ホーム」、クラスター内のグループミーティングや作業を支える「ラウンジ」、異学年全体の活動や制作・創作活動を支える「教科のひろば（教科のオープンスペース）」「葉っぱのひろば」などの広場空間、学校全体の活動を支える「葉っぱのひろば」「アリーナ」の大空間が、緩やかな活動の変容を支えるため、「柔らかく」連なっている。

　これらは、制約感や強い流れを与えてしまう直線で並べず、曲線のチカラを活かした柔らかい空間で連ねている。出発点となるホーム、ラウンジの空間が最もくびれており、広がりながら三角形の平面を構成し「教科のひろば」へと展開する。反対側は、同じように広がりながら、あの「葉っぱ」の平面形の空間、「葉っぱのひろば」へとつながっていく。活動のイメージと曲線が重なり合う空間構成である。

　それぞれの曲線の半径を変えることで、ひとつとして同じ質を持たない教室やホームをつくり出すのと共に、空間に個性を生んでいる。個性をあぶり出すためには、均質な空間は必要ない。教科センター方式で課題となる移動経路も、まるでたすき掛けのような最短経路とすることができる。さらに、それぞれの間仕切り壁はこの曲線に対して放射状に配置した。

　歩いていると、次々と風景が変化していく。友達と戯れる風景、学びに熱中し語り合う風景、魅力的な教科の展示、つい先ほどまでの授業を思い起こさせる「学びの痕跡」の数々、その背後には、里山、町並みの風景、中庭の緑……。変化していく風景にワクワクできる空間となっている。光もまた時間や季節によって柔らかく移り変わっていき、日々違った空間の「顔」をつくり出す。移動という活動をも、個性をあぶり出すきっかけとする空間である。

・教科センターに"へそ"をつくる

　また実は「教科センター」の核とも言える教科ごとのオープンスペース「メディア空間」については当初から疑問を抱いていた。いくつかの学校を見学した折に、こ

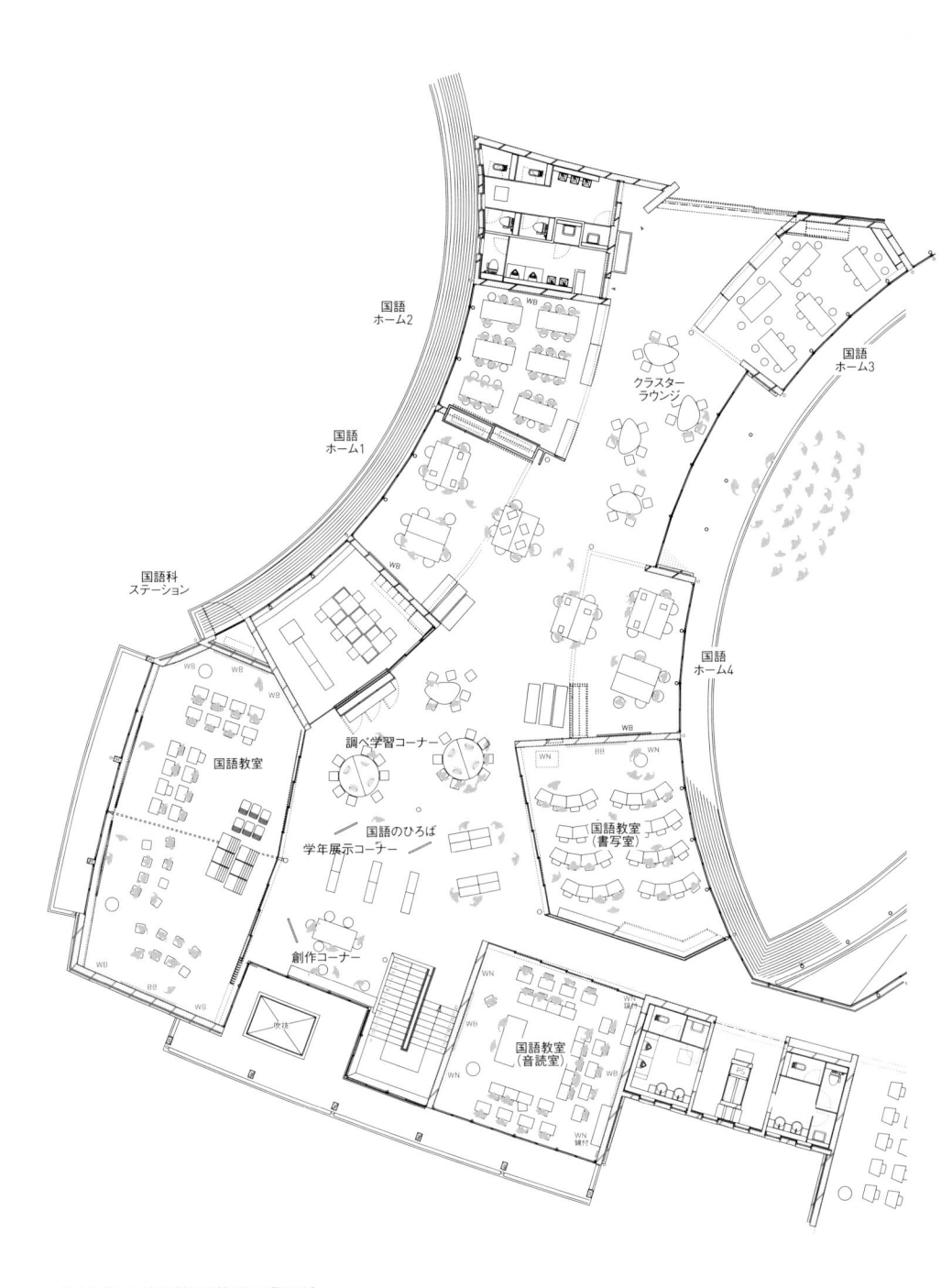

様々な使われ方の様子を検討した際の活動配置図。この図をもとに、先生方と議論を重ねていった。この図は国語エリア（S＝1:300）

こを使って授業をしている風景に出会ったことがなかったのである。せっかくの空間が、ギャラリー的な展示空間にしか活用されていないように見える。授業の多くは一斉授業なのだろうか。もっと様々な授業風景があってしかるべきなのに、もったいなさを感じていた。

松木先生よりこんなお話があった。……これまでの学びは、前を向いて一斉に教わることが中心の授業だった。今までの知識を貯金して必要な状況で取り出して使う"貯金型"のモデルではだめだ。"参加型"のモデルつまり、問題意識を持ち、答えのわからないものに対して取り組み、乗り越え、今の状況における答えを出してみようとする学びのプロセスが大切で、そんな力を身につけることを教育の目標としていきたいと。その力は、例えば、情報をきちんと使える力、高度な知識を共有し生かしていける力、議論し新しいものを導き出していけるコミュニケーションの力、自分たちの手で試行錯誤しながらものをつくり出しデザインしていける力などで、これらの力を育むために"参加型の学び"が必要で、教室の中だけでの学びからの脱却になる。そのためには、教室を開くことが必要なのだ……と。

つまり、教室に重心を置き「教科メディアの空間」というオープンスペースをつなぎ役として捉えるのではなく、参加型の学びという活動を支えるためには、教科「センター」というひとつのエリアの中心を担うオープンスペース側にこそ重心を持たせた空間が必要とされていた。これまでの建築計画の考えとは逆だった。

そこでこの教科メディアの空間を「教科のひろば」と呼び、学び活動の中心となる、皆が使い合う空間とした。曲線を用いた三角形の平面とし、これを中心に教科教室やステーションを配置している。「教科のひろば」を"へそ"とした空間構成だ。このへそは、教科教室を開こうとする求心力を生む。そして、「ひろば」を取り巻く全ての教室で、「教科のひろば」という場所と、そこにある共有財産を使い合うことができる。それは、じっくり考える場所と作業しながら考える場所を、行き来しながら学ぶ環境をつくるということでもある。さらにひろば

理科のひろばでの調べ学習風景。授業中でも"へそ"に出てきて様々なメディアを活用し、授業が行われている。

休み時間のひろば。もちろん休み時間も通りすがりに立ち寄り、学びと戯れる風景がくり広げられる。

空間の一角に教室が点在する雰囲気をつくりだし、例え違う学年であったとしても、共に同じ教科を共有する一体感を生んでいるのである。

| 4 | 学校づくりに向けて──
ワークショップ・建物から変わらなくては |

　私たちは、基本計画策定に携わった松木先生と、プロポーザルの審査委員長でもあった福井大学大学院工学研究科の松下聡先生、至民中学校から当時の校長・吉田和雄先生や研究主任の牧田秀昭先生、教務主任の吉村淑子先生、さらに教育委員会教育総務課（当時）の守川昭彦氏、営繕課の方々、それと設計チームのスタッフで、月に1度「ワーキング」と称する作業検討会を行ってきた。基本設計案の取りまとめに入った2005年6月、この案を提示すると、市の担当の方は、「そこまでやらなくても……」と、初めは躊躇されていた。一見学校とは思いがたい平面形に、スタッフにも正直戸惑いがなかったわけではない。しかし、単なる思いつきの空間ではない。説明を進めていくと「いいじゃない！」「なるほど、まとまっていますね」「これは、のびやかでいいのぉ！」曲線のチカラによって、もうひとつの「流れ」が生まれ始めていた。

月1度のワーキング風景。模型を見ながら、皆で意見を出し、建物を練り上げていった。

　6月17日、渡辺本爾教育長（当時）を初めとする関係各署の方々が出席される「報告会」に、この案を持って臨んだ。やはり、賛否両論が飛び交ったなかで、教育長がこう語ってくださった。「教育を時代に応じて変えていこうとするときに、建物から変わらなくては、皆の意識は変わらない」。この一言で、私たちも覚悟を決めた。

・現在、過去、未来を考えるワークショップ
　この計画案は設計者やワーキングに参加した人たちのみで考えられていたわけではない。基本計画を進めていく中で、ワークショップが開催されていたのだ。ワーク

> 【Column】
> ## 福井市職員として
>
> 福井市職員の一員として、至民中学校の建設を担当することとなった。21世紀の地域、日本の将来を担う子どもたちを育てる中学校をどう創っていくのか。教育が変革を遂げる中で学校建築はどうあるべきか。私がこれにどう貢献できるかを考えるうちに、無力さに途方にくれた。
>
> 私は、教育者でもなく建築者でもなく、これらの専門知識をも持たない一事務職員である。この時期、全国的にも数多くの学校建築がなされており、これまでのものとは違った特色のある校舎、体育館が建築されていた。私の行政経験も通用しないとの苦悩のうちにも、50年後、100年後の指導方法にもマッチした先進的な学校を創りたいとの思いが強くあった。それには、教育学者、建築設計者、教師など、専門家の手腕をお借りすることが一番であると思われた。
>
> 基本計画策定、プロポーザル、設計、建築と、多くの方々と出会い、ご協力をいただいたが、将来の学校教育を考え、子どもたちへの熱い思いをたぎらせた、超一流の布陣に恵まれてこのプロジェクトは進行した。異学年型教科センター方式、地域連携、特別研究指定校と新しい取り組みがなされることとなった。内外の多くの障害にも見舞われたが、皆さんの熱い思い、子どもたちの生き生きとした姿を思い描いて、これを乗り越えることができた。
>
> ここで、私が事業に携わることができたこと、理解を示していただいた教育長、上司の方々に感謝したい。併せて、今後の学校運営の中心となる先生方の活躍、地域の皆さんの協力を期待したい。(元福井市教育委員会教育総務課／守川昭彦)

ショップとは、グループ作業や創作活動を通じながら互いが意見を出し合い議論し合い、ひとつの方向を見つけ出していこうとすることである。至民中の場合、使い手となる方に、様々な活動のアイディアを「夢」として出してもらうことを最大の目的とした。近年では、学校づくりでもワークショップを行って設計する事例が多く見られるようになってきたが、今の視点での使い方の話に終始する場合が多い。また、誰もが通い慣れ親しんできた場所だけに、郷愁にも似た思いから大人の目線で考えられがちである。

でも学校には、現在、過去、未来が同居している。子どもたちをこれから数十年先もずっと育んでいかなければならない場所だからこそ、教育の方向性を共有し、皆の未来への"夢"を受けとめたことで紡ぎ出される「柔らかい学校建築」をめざさなくてはならないと考えていた。そして地域の文化は、地域の人によって未来を創り出そうと智恵を絞り合う中にこそ生まれるものだと考え

ていた。

　ワークショップは、生徒、地域・PTA、教職員の3つのグループ毎に行われ、合計で13回、教科別の検討会を入れて14回開催された。特に教職員については、約半年をかけて検討が行われた。

　事務局は教育委員会が担い、私たち設計者がファシリテーター役となり、運営を構成した。これについては、第三者が行うべきとの議論もある。しかも私たちにとって初めてのワークショップ経験でもあった。しかし今回は、学校の運営のイロハから議論し、それと呼応する建築を同時に設計していくプロセスである。ワークショップにはデザインの種がたくさん埋もれている。また、顔と顔を突き合わせたコミュニケーションによって小さな夢の種や、その積み重なった大きな夢が誕生していく。その瞬間に、設計者がファシリテーターとして立ち会うことは、その人たちの舞台となる学校をデザインするために、必要不可欠な体験だった。

　充分な回数・内容が実行されたかはどうかわからない。しかし、様々な"顔"に出会え、"夢"を語り合い、新しい共通認識が生まれ、それがまた土台となって次の議論へと発展し、多彩な「コトのデザイン（活動のデザイン、後述）」を生むことができた。わずか数人の私たちの事務所の後ろを、大勢の専門家スタッフが大きな組織となって支えてくれていたようだった。これが至民流のワークショップだった。

・生徒ワークショップ──やりたいことから環境をつくる

　2005年2月、全3回の生徒ワークショップがスタートした。限られた中でじっくりと議論し積み上げるために、最後の1回で3回分の最終成果をまとめるという成長型の構成とした。

　まず1回目は「今の学校のいいところ、いやなところ」。ほとんどが「いやなところ」の話で、こと設備やモノの古さに関する意見が多い。「建物が古くて困る」「トイレが汚くて臭い」「暗い、陰気くさい」。モノに対する不満だけに終始してしまう雰囲気が気になった。そこには、

ふたつの問題点があった。まずは、「教わるだけの教育」から生まれているのかもしれないが、学校という場所が、自分たちでつくれる場所なのだという認識が全くないということ。そして、「建物」について語る経験もなく、建築に関する発想や語彙にも限界があるということだった。

これを反省点に、2回目は、「僕がつくるとこんな学校だ！」をテーマに、学校でこんなことがやってみたいという意見を出してもらうワークショップを構成した。自分たちがやりたいことから、環境はつくれるということを知ってほしかった。場所別に教室、特別教室、中庭、ランチルーム、体育館、廊下等々のグループに分け、様々な学校の、様々なイメージを広げてもらうために日本や海外の学校の写真を見せた。「これ、本当に学校かぁ？」「この小学校みたいに幼稚な感じはいや！」「なんか落ち着く、木のぬくもりがしみてくる感じ」。空間に対する率直な反応が出始めた。肌に馴染むか、馴染まないかを感じとっている様子だった。それでも、こんなことをやりたいという意見はなかなか出てこない。

「だってこの学校にも中庭があるけど、出たらあかんって言われるんやもん」。ひとりの生徒がつぶやいた。学校とは、これをやってはいけないという規制が多い場所だから、やってみたいことを考えたことすらない。生徒も既成概念にかっちりとはまっていたのだ。しかし、今までの環境からは想像できなかった様々な学校と活動風景の写真を紹介していくうちに硬さはなくなり、徐々に盛り上がりを見せ始めた。「畑で野菜をつくってバザーを開き、地域の人に売って、自分たちのお金を稼ぎたい」「卒業生が果物の木を植え、給食で食べる」「大階段で映画をみて英語の勉強をしたい」「地図が床や天井に書けると覚えられる」「数学なら机を図形の形に」……。まさに子どもたちの本領発揮だった。

そして最終回、「柳川さんの案をめった切り！　デザイナーは私におまかせ！」。私たちのプロポーザル案の中で好きな場所を見つけ、どんな場所にしたいか、どんなことがやりたいかを語り合ってもらった。いつもの学

校のことはもうすっかり頭にはない様子で意見が出る。「DJをやりたい。放送室はガラス張りに」「デッキでハンモックをつって本を読みたい」……これまで恥ずかしそうにしていた生徒も、仲間にひきずられ、ぽつりぽつりと語り始めている。生徒の夢の学校がそこに広がった。ワークショップでなくても、そんな夢が引き出せる環境が必要だと感じていた。

・地域・PTAワークショップ
　──公民館でなく学校でできること

　同じ年の3月、地域ワークショップがスタートした。こちらも3回、貴重な時間である。第1回は、説明・意見交換会。建設スケジュールや「教科センター方式」、最近の建築・建物への考え方やプロポーザル案などを説明し、質問・意見交換となった。学校の建設が前年7月の足羽川豪雨災害の影響で1年間の延期となっていたことから、「今度こそ間に合うようにお願いしたい」「プロポーザルで決まった後から意見をきくとはどういうことだ、もっと早くやるべきだ」。"住民対行政"という構図がくっきり表れてしまった。ただ、これらの意見は、学校の建設を今か今かと待ちわびる地域の方の熱い思いの現れだ。その思いを「共に学校づくりを支えよう」というチカラへと転換していくことが、必要だと感じた。

　第2回目のワークショップは、地区役員の方やPTAをはじめとする学校づくりに興味を持たれた方、20名程度だったが、初めての方が多かったため、まずは座談会になった。互いの学校での思い出、学校建設や教育に向けた思いや希望を語り合いながら、人間関係を築く価値ある時間となった。学校とは、様々な世代の誰もがかかわったことのある場所だからこそ、世代をつなぐことのできる場所でもあるということが見えてきた。

　「地域開放」についても、最初は疑問に思われていたが、具体的な例を挙げながら説明すると、明快になっていった。「至民中は"開放"が目的ではなく"交流"が大事なんや」「そうや、学校という場所なんや。それを公民館のように使うのなら、公民館でいいがの。学校には子

どもがいる、学校でだからこそできることを考えなあかん」。地域の役割がひとつ見え始めた。

　第3回は、「老いも若きもみんなが共に学び合う、新しい学校の風景」の一コマをイメージしてもらうことをテーマとした。初めてのワークショップの方にも意見を書いてもらうため「葉っぱカード」を用意し、学校を支えるために私ができることは何か、子どもたちとともに学べることはどんなことか等の質問を投げかけた。「地域の歴史を知ること」「子どもたちでフリーマーケットなどを企画し運営する体験をサポート」「自然を生かしたのびやかな遊びと学び」「農業体験の補助ができること」「精進料理が教えられること」など、市街地と旧集落が混在した地域らしい、一人ひとりの特徴ある意見が数多く発表された。地域の「色」がにじみ出したところで終わりを迎えることができた。

・教職員ワークショップ——アイディア満載の授業

　教職員ワークショップは、約半年間をかけてじっくり行われた。参加者は、福井市中学校教育研究協議会の先生方と、至民中学校の先生方である。教育委員会の思いによって構成された体制だ。ここでは、まず新しい学校でポイントとなってくることについて語り合い、後半、建築に反映していく具体的な検討を行う会とした。

　特に検討の中心を占めたのは、「教科空間づくり」である。2005年6月の第2回目では、「教科センター方式の学校として、教科の魅力を伝える環境づくりとは?」をテーマとして教科毎の学び空間づくりについて取り上げた。しかし、ややもすると、こんな教材・こんな設備がほしい、ということで議論が留まってしまうかもしれない。そこで、「その教科の魅力、生徒に伝えたいこと」を話し合っていただき、その魅力を伝えるために、どんな学びの方法、授業展開ができるとよいのか、そのためにはどんな雰囲気がつくれるとよいか、どんなモノ・設備があるとよいのだろうか、を考えていただいた。例えば、数学では、「実施にやってみる、取り組むという体験によって得られる楽しさ。考えの流れを体感すること

至民中学校づくりの
ワークショップ風景

生徒ワークショップ風景。1〜2年生の有志37名が参加。いつしかユニークなアイディアが数々飛び出し、先生方もびっくり。

各班での作業の後は発表会。恥ずかしがって発表する生徒、笑いを交えて発表する生徒、様々な個性が花開いた。

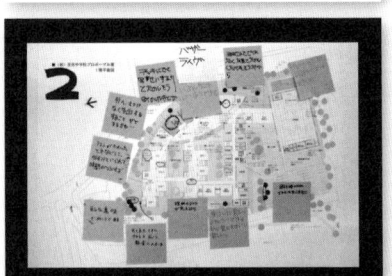

「柳川さんの案をめった切り！」の際の提案。葉っぱのひろばでバザーやライブをやりたい、デッキで写生……、生徒の夢の結晶だ。

日本・海外の様々な学校建築の写真、使っている風景写真に生徒たちはびっくり。でもこの写真が生徒の夢を広げていった。

学校の文化祭で、模型や生徒・地域・教職員ワークショップでの提案を展示。新しい学校の姿を初めて見た生徒は興味津々。

教職員ワークショップでの国語グループのディスカッションの様子。言葉の大切さ・おもしろさを伝えたい！　思いを熱く語り合う。

曲線を使った空間を表す模型を初めて提示。先生方も思わず一歩引いている！？　この後、様々な意見が飛び交った。

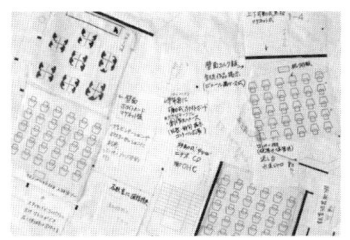

空間の使われ方や必要な設備についての先生方の提案。ここで、ワークスペース・パーティションのアイディアが誕生!

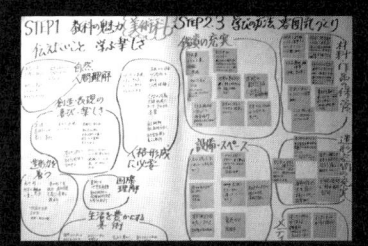

美術の先生方の、教科の魅力と空間への思いの提案。わかりやすく美しくまとめるのも、美術らしさ。教科の特徴が見え始めた。

1日2教科、放課後夜遅くまで、行われたディスカッションの風景。新しい授業をイメージしながら、必要な仕掛けを考えていった。

ワークショップって何するんや? 首をかしげていた地域の方も最後には年齢を問わず、それぞれの夢を熱く語ってくださった。

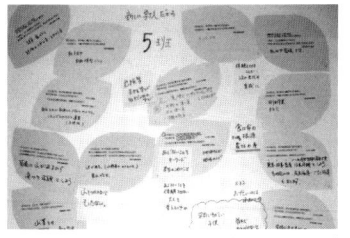

学校だからこそ、地域としてできることがあるはずだ! 地域らしさがそこここににじみ出た数々のアイディアが地域から提案された。

PTAワークショップでは、「教科センター方式」への不安・心配でいっぱいの保護者の方が60名近く参加。真剣そのものだった。

PTAの方々に深く理解していただくために、パネルディスカッション方式のワークショップを開催。様々な思いを市教委へと届けた。

ワークショップから、文化祭・公民館祭りでの発表、現場での検討まで、様々な場面で大活躍した、畳3帖分の1/50の模型。

第3章　柔らかい学校建築がつむぐ「学び」　83

でしる楽しさ」を伝えたい。「とにかく紙と鉛筆に値するものがたくさんほしい」。シンプルな意見だ。技術家庭では、「自分たちでつくってみる楽しさ。それを使ってみる・食べてみる楽しさ。モノの循環を伝えたい」「外と教室、葉っぱのひろば・ランチルームがつながりあって、つくるから使うまでがつながる環境がほしい」等々、内容もさることながら、話し合いの様子や成果品にも、教科の特徴がにじみ出たワークショップができた。

　さらに、その後も、この議論をもとにして計画された1/100の基本設計の模型や1/50の図面をもとに、かなり細かなしつらえについての議論を行い、設計を詰めている。回を追うごとに、アイディア満載の授業の話が次々と飛び出し、私たちでも学びたくなる、「学びの情景」が、泉のようにわき出ていた。

・多様な人の参加あってのワークショップ

　これらのワークショップ、福井市全体で改革の流れをつくっていきたい、そして教育への議論が積み重なっていく土台を作りたい、という教育委員会の思いにより実現したものである。私たちは、設計に約1年半を費やした。この時間は、学校の開校を1年遅らせた、あの福井豪雨によって生まれた時間だった。ある学年の生徒にとって、新しい校舎で生活できなくなったことは残念だったに違いない。その分を少しでも学校づくりに還元しなければならなかった。じっくり腰を据えて検討できたことは、大変ありがたかった。この時間があったからこそ、教育と建築が一体になった学校を、使い手とじっくり向き合ってつくれたに違いないと確信している。

　また、もうひとつありがたかったことは、多くの方々に参加していただけたことである。生徒ワークショップでは、先述の守川氏が、学級委員に限らず個性ある生徒たちの参加を願って、自ら生徒と掛け合ってくださった。さらに、教職員ワークショップでも、福井市教育研究協議会のバックアップにより、ひとつの教科を何人もの先生で語り合っていただけた。教え方に個性を持っている先生が、ひとりの考えでつくってしまうことは、活動の

幅を狭めることにつながる。多くの人の参加は、多様性を生む。それらを受けとめてこそ「柔らかい学校建築」ができるのだ。

ワークショップの成果を受けて、開校当初から、多彩な授業が繰り広げられた。地域交流も、「ギャラリーしみん」をきっかけに多彩な活動を生んでいる。一人ひとりの「夢」が「大きな夢のカタマリ」となる学校を生んだ。

5	「コト」のデザインから「モノ」のデザインを

1949(昭和24)年発行、文部省教育施設局工營課学校建築研究會編「新制中学校建築の手びき」(明治図書出版社)

1949(昭和24)年発行の古い本がある。文部省教育施設局工營課学校建築研究會編「新制中学校建築の手びき」(明治図書出版社)という、建築計画学の礎を築かれた吉武泰水先生がかかわられた本である。当時、GHQのCIE(民間情報教育局)の提案により文部省教育施設局に設けられた「学校建築研究会」がまとめたもので、建築関係者だけでなく、学校の先生や一般の人が読んでも理解できる一般向けパンフレットとして作成されたようである。しかし、実際は政策的な裏付けに欠けるなどの事情によりあまり普及されなかったものらしい。

この本は、日米の教育関係者と建築関係者が話し合い書かれたもので、「学校を学童生徒の自主的な学習・生活活動の場として考えること。(中略)教室の造りや家具などのモノではなく、動詞でコトとして表現し、自由な対応を引き出せるようにしているところが特徴」と解説されていた(季刊誌文教施設「吉武先生を囲む座談会」による、傍点引用者)。

戦後の新しい学習活動のあり方として、動詞に基づいて、具体的な活動の例を挙げている。例えば「話す」という活動について、「クラス全員で問題、質問について、また議題を選んで討議する」とか「報告を発表する」「クラスで座談会をする」「学芸会のプログラムを作る」などのコトが示されている。その他に「読む」「書く・描

く」「工作する」「収集する」「観察する」の動詞が挙げられ、普通教室や特別教室での授業イメージへとつなげている。また、それらのコトは、クラス全員で、グループ別に、個別になど多様な規模の可能性があるとも記されていた。そんな活動＝「コト」が新しい教育の例であるとした上で、「正面のない教室」が一般教室の例として示されていた。様々な「コト」を受け止められる学校建築を、それぞれの学校・地域に応じて考えていくべきだ、という設計姿勢が表現された、そのなかの一環としてだった。

　さらに「はしがき」には、「學習活動の形態はこれまでの仕方とは全然異つたものとなる。教え方は、生徒自らが興味をおこし、自分達で主体的勉強することを要求される限り、また、新しい教育の目的を達成せんとする限り、極めて変化に富んだものとなるだろう」。

　「學校の建物は生徒達にとって學習の興味を湧きおこさせる、生活するのに愉快な、また便利なものでなければならない」「建築的に美しい建物をつくるということも大いに関心が拂（払）われねばならない。建物は周囲の形式に相応しいものであつて、建築的な価値のいつまでの変わらぬものであり、教育の重要さをよく表現したものでなければならない。学校を美しさの欠けた無味乾燥な建物と考えることと、これに反して、校舎を美しくするために、大いに関心を拂うということは、全く對（対）蹠的である」と続く。

　全国に普及したあの「硬い学校建築」とは、全く異なる学校建築をめざそうとしていたのだ。あの時代に、こんなことが考えられていたとは……。いや、あの時代だったからこそ、こんなに「柔らかい学校建築」をめざそうとしていたのかもしれない、今だからこそ実現すべきではないだろうか。胸が熱くなった。

・「コトのデザイン」から「モノのデザイン」を
　吉武先生は、「デザイン」を学問とする芸術工学という分野の創設に尽力され、私の出身大学・神戸芸術工科大学の初代学長となられた方である。私はようやく４学

年が揃った出来立ての大学で、「コトのデザインからモノのデザインを」を合言葉に、設計課題のみならず、学びや行事・生活の中のコトやモノをデザインする大学生活を送っていた。先生も学生も一体となったそんな新しい大学の空気を吸って育った私にとって、この本は、建築計画学の「根っこ」を思い起こさせてくれたものだった。それと同時に、時代は違うが、教育と建築が共に話し合い、新しい教育や学校のあり方を作りあげようとしていたことに、驚きと感動を覚えた。

　「コトをデザインする」とは、何をどんなふうに学ぶのかという活動をデザインすることだ。そして「モノをデザインする」とは、その活動に相応しい環境としての学校建築をデザインすることである。教育改革をめざし「参加型の学び」をめざす至民中学校においては、これまでの学校のイメージに捕らわれず、理念をもって未来の学びの活動を多彩にデザインし、それに相応しい場となる学校建築をデザインすべきだ。この本はまさに建築計画のひとつの方向を示してくれた。

　以下は様々な「コト」を実現する空間のデザインの成果である。

・場をしつらえる仕掛け

　「学び」「生活」という場面が異なっていたとしても、自らで何かを創り上げていく「コト」の性質はとても似ている。学びの場面でも、生活の場面でも、話し合いをするときは、大きなテーブルを囲んで、あるいは車座になって。みんなに何かを伝えたいときは、ホワイトボードに書いて、スクリーンを囲める場所で、扇型に集まって。その行為「コト」に相応しい場所を選んで活動するということが重要である。その中で、人との適切な距離感や表現力、自主性、その場面に相応しい行いのあり方＝作法等の"柔らかいチカラ"をはぐくんでいけるのである。

　ただし、学校は、「コト（行為）」に対して「モノを動かして使う」ことをめんどうくさい、壊れやすいと特に毛嫌いする。しかし、活動に相応しい環境を、自分たち

でつくり演出することや、"場"をしつらえることも、活動を盛り上げ、協働を生み、創造性を育む"スパイス"であり、これまでの学校になかった「学び」でもあるのだ。幸い、至民中では、70分の授業時間に対して15分の休みが用意されており、授業で必要な"環境づくり"の時間が充分に確保できた。

学びに相応しい場を生み出すことを学校の文化としていくためには、その仕掛け、"舞台装置"が必要なのだが、活動の内容と人数によって、多様な空間や家具やしつらえが必要となってくる。しかし、工事費が限られたなかで先生方とも細かく話し合い、「見栄えのよいモノにお金をかけるより、智恵を出し合う」、質実剛健な福井人らしいアイディアで乗り切ることとした。それはひとつのものを多用途に使っていくという、日本文化の智恵でもある。

・道具としての教室空間

智恵を絞った代表的なものに、「連続教室」と可動間仕切り「ワークスペース・パーティション」がある。「連続教室」は、2教室の間が可動間仕切りになった教室で、国語・社会・数学・理科・英語のそれぞれに設置した。2教室を1教室にして広く活用できる工夫である。2クラス合同の授業や、広い面積を使いたい実験を伴う授業、地域の方と共に学ぶ恒例行事「地域参加授業」などで活用されている。また、1教室にすると、2教室分のみならず「教科のひろば」とも一体になった空間となることから、クラスター全員での活動やイベントでの利用も見られる。様々な人数による多様な活動を助けるための仕掛けなのだ。

可動間仕切りを開いて行われた、「みせる実験」で学ぶ理科の地域公開授業の風景。先生方の授業のアイディアが次々と生まれる。

この教室の間仕切り「ワークスペース・パーティション」は、地元メーカーで開発されたホワイトボードクリア塗装が施された可動間仕切りである。レールを、教室間だけでなく、窓側や教科のひろば側にも設けることで、必要な場所へ移動して、"場"をしつらえることができる工夫だ。スクリーン代わりに活用したり、それぞれが解いた思考プロセスを表現するプレゼンテーション

「ワークスペース・パーティション」を利用した授業風景。書いた内容がそのまま展示物となり「学びの痕跡」が残されていく。

に使ったり、可動間仕切りをまばらに配置してグループが集まり書き合ってディスカッションしたり、自在に活用されている。そして、小さな穴が開いたコルクボードの部分をつくり、「学びの痕跡」の掲示板としても活用できるようにした。この環境を活用して、文化祭ではクラスター毎のテーマ展示も行われた。このときは、まるで"学びの博物館"といった雰囲気だった。

この連続教室が設置できたのは、ホームの空間を、全員が着席して活動できる場所としたからである。多くの教科センター方式の学校のように、全員着席するクラス活動は教科教室を利用する計画としたならば、いろいろな制約が生まれ、困難だっただろう。しっかりとした生活の拠点をつくることで、教科教室を教科に特化させ、活動に相応しい空間をつくることに成功している。多くのモノが必要となる学校においては、分けるべきモノと、使い合っていくべきモノを、活動に沿って整理することが必要なのである。

生徒が企画した卒業生を送る会（パープル・英語教室）。普段は仕切られている教室を開き、3教室をつなげて特別な日を演出。

文化祭での展示の様子。英語連続教室の「ワークスペース・パーティション」により展示コーナーを作り出し、全く異なる雰囲気となっている。

・千変万化できる「場」の工夫

地域交流棟「葉っぱ棟」の教室には、普通の学校にはない愛称がついている。ワークショップでのアイディアどおりに、多用途に使い合ってもらうための仕掛けである。名前は重要だ。

例えば、「しみんホール」は、玄関から入ってすぐの場所に配置している。そのため、入学式・卒業式をはじめ、公開授業研究会、大勢での視察のときなどの、エントランスラウンジとしても活用が可能となる。南に面した最も心地よい場所でもあるから、普段はクラスター毎に給食を食べるランチルームになっている。しかし、お昼だけではもったいない。この空間に面して「キッチンスタジオ」を配置し、調理実習の試食を気持ちよく行える"場"としてもしつらえた。その環境を活かして、ウェイター体験による作法の学習も行っている。その他、金曜日の放課後は、各学年入り乱れて、自主学習勉強会「わくわくスタディ（わくスタ）」や、美術の授業の場所になったり、地域の方の協力による「一人一針巨大パッチワー

小学2年生のミニ遠足の様子。子どもたちはしみんホールに集まり、ガイダンスを受け、お弁当を楽しんだ。

金曜日の放課後。自主的に生徒たちがしみんホールに集まり「わくスタ」を楽しむ。まるで、友達の家で勉強を楽しんでいるような風景だ。

第3章　柔らかい学校建築がつむぐ「学び」　89

【Column】
新しいオフィス空間が学校空間に与えたもの

至民中学校の設計でアイディアを広げていくため、学校建築ではない建築を参考にして、ディスカッションが進められた。社会に近い学びの環境をつくるためである。以下に挙げたものは、私が調査を行ったオフィス空間だが、教職員ワークショップでもこれらのスライドを上映し、発想を広げる手助けとして利用された。

・電気関係会社研究所・オフィス

オフィスの中央に明るい休憩スペースを設け、単なる休憩のためのスペースとせず、異なる分野の人々も含めたコミュニケーションのスペースとしている。その壁面は全面ホワイトボードとし、また壁面上部にはフックを取り付け、展示もできる多目的スペースとなっている。

・TBWA／Chiat Day

ロサンゼルス郊外のサンタモニカにある広告会社のオフィスビルであるが、元は倉庫であった建物を改修して再利用しているものである。オープンなオフィス空間、個室の空間、ゲームや卓球のできる休憩スペース、共同利用の資料スペースやコピースペース、テント幕で囲まれたミーティングスペースなど、多様な空間が用意されており、従業員は各部署で働く一方で、異なる分野の職員とのコミュニケーションも容易となっている。

・福井大学工学部校舎改修

校舎の一部で研究室の間仕切りを取り除き、オープンスペースの研究室を導入した。ゼミ、資料、休憩スペースなどは共同利用空間とし、研究室の一部ではフリーアドレス・システムを採用している。共同利用空間の計画には、TBWA/Chiat Dayを参考にして、備品の共同利用や、資料の共同資料室への収納などを試みている。教員や学生間のコミュニケーションが活発になっている。
（福井大学大学院工学研究科教授／松下聡）

電気関係会社研究所・オフィスの休憩スペース。全面ホワイトボードの壁が、先生方への大きな刺激に。

TBWAの内部。倉庫をリノベーションしたオフィスで、大空間に様々なコーナーを設けた「ラボ」的な空間が好評だった。

TBWAの個別作業ブース。大空間の中での落ち着いた作業スペース。ステーションのイメージにつながった。

福井大学の共同利用空間。先生方には最も身近な事例となった。

クの製作工房」になったりもしている。学校では、多用途に使える心地の良い空間が重要なのである。

「葉っぱのホール」は、音楽室である。利用率上2教室なくてはならない。しかし「どこにも負けないゆったりとした空間さえあればよい」とのこと。その思いから、2教室でも1教室でも使える大きな空間をつくることとした。完全防音とまではいかないが可動間仕切りを入れ、なおかつ準備室もなくし、楽器収納は壁面収納として広さを確保した空間だ。音のことよりも、大きく使うことを優先した決断である。クラス数が最大ではない現在では、ほぼ全開で授業が行われており、端と端ならば、それほど互いを気にすることなく練習できるため、パート練習などにも活かされている。

また、この可動間仕切りは、反響板を兼ねた造りとし、開いたときにホールにもなるよう雰囲気も木格子を利用した柔らかな仕上げとしている。学年集会はもちろん映画鑑賞会やミニコンサートなどにも活用できる工夫だ。そのため、部活動の吹奏楽部、クラスターの親睦会や、福井市の中学校アンサンブルコンテスト会場などにも活用される、「しみんホール」と対照的な、ちょっとおしゃれなホールとしている。

その他にも、活動内容によって正面を変えて使われている五角形の教室や、実験内容にあわせて実験台の種類を変えたふたつの理科実験室、理科のひろばと外教室を三角形に使い合える実験室などもある。冬の体育で必要なバレーコート4面を確保するために設置した、せり出してきて一体感が得られる体育館の可動ステージや、吸音と掲示を兼ねた天井格子、ホワイトボードになっている分電盤・パイプスペースの扉等々、全てが千変万化する学びに相応しい、多彩な"色"を持つ環境をしつらえるための「仕掛け」なのである。

・暮らしの「コト」を楽しくする仕掛け

「柔らかい学校建築」では、学校を"暮らしの場"と考えている。それは、学びの幅を広げる助けになるからだ。そのため、暮らしの中の「コト」が、心地よく、楽

しくなる仕掛けを工夫している。例えば、中庭のデッキスペースは、ちょうどベンチになれる高さにしてある。そのため、お天気のよい休み時間には、くつろいでおしゃべりする姿が見られる。手すりは木材を利用し、寄りかかっておしゃべりしていられる、寄り掛かりやすさをつくり出している。生徒のちょっとした和みのときを助け、人とかかわる作法を見いだすきっかけをつくっているのである。

また、様々な場所がオープンにつくられた学校の中で、ほっとできるプライベートスペースとして、トイレは重要である。規模の小さなトイレをたくさんちりばめた計画にし、内部空間も清潔感と落ち着きのある雰囲気を作り出し、いつでも気持ちよく使える工夫をしている。学校が公共のどの場所でも、美しく使い合っていける作法を学ぶ場所になればと考えているからである。

吸音と掲示を兼ねた天井格子。掲示の方法もクラスター毎に工夫されている。

至民中のトイレにはいつも美術部の作品や季節の花が飾られ、「もてなし」の心で気持ちよく使い合える工夫がある。

6 建築は背景として
── 柔らかいヒトと技術が支えるものづくり

「柔らかい学校建築」は、建具の開閉やしつらえによって、あるときは居間、あるときは客間、あるときは儀式空間というふうに変幻自在に姿を変える、融通無碍な日本の建築が持っていた「柔らかさ」を現代的表現することをめざしていた。その実現を支えてくれたのは、現代の"柔らかいヒト"と"柔らかい技術"である。至民中は、このとき、この人たちだからこそ生み出せた建築だ。

そして、この空間を活かしながら、そこに飾られるモノ、行われるコト、ヒトを引き立たせる"背景"となる建築とするための素材を選んできた。それらが、渾然一体となって、未来の学校風景を創り出す建築をめざしていたのである。

・背景をつくる仕上げ

様々なコトから生まれた空間を最大限に活かした舞台

装置とするため、建築の仕上げは、道具にもなり、落ち着きを醸しだす背景にもなる"柔らかい素材"を採用した。

壁の仕上げは3種類とした。灰色の打ち放しコンクリート、明るく上品な色合いの檜（ひのき）間伐材を利用したOSBボード、白いホワイトボード塗装の鋼板である。いずれも、生徒の作品や活動を浮き上がらせるための色合いとし、掲示しない・掲示してもよい・書いても貼ってもよい、という機能を分けるようしつらえた。例えば、掲示板となる壁に利用した檜OSBボードは、通常のOSBボードと違って肌理が大変細かくちらつきが少ないため、背景として落ち着きを出すことができる。また、手触りもよく、打ち放しコンクリートと対比させて暖かみのある柔らかい空間を作り出してくれる素材でもある。往々にして子どもたちの作品がはみ出しがちになってしまう一般的な掲示板は設けず、その代わりに全面に貼ることができる檜OSBボード仕上げの壁としたのだった。

床は、北海道夕張産の樺（カバ）・パーケットフロア

檜OSBボードによる掲示壁。檜の色が柔らかく、掲示物が美しく映える素材である。掲示物の色も、どんどん工夫されていく。

中庭は、生徒の暮らしにはかかせない、くつろぎの場所となっている。デッキスペースは、ベンチとして、冬でも晴れた日に活用されている。

第3章　柔らかい学校建築がつむぐ「学び」

を使用している。空間のちらつきをなくすため、方向性を一定にして敷けるよう改良し、色むらをなくすべく、赤白を産地である夕張の方々がよりわけて下さり、教科棟側は白、葉っぱ棟側は赤身の強いものを貼り分け、落ち着きとわずかな場所性の変化をつくり出している。そして、これらの仕上げ材が持つ風合いを最大限に生かすよう心掛けた。子どもたちを育てる環境を考えたときに、モノが持つ本来の個性を生かすことにこだわっていたからである。

・見えることが活気を生む
　この学校は、「丸見え」な学校である。ほとんどの教室がオープンである。もちろん、テストや補習のときには、扉を閉めることもできるが、ほとんどの先生が教室を開いて授業を行っている。もうひとつは、ガラス張りの空間である。これらは、先生が生徒を管理するためのものではない。奥行きが深くなりやすい、オープンスペースへの採光を確保するためである。様々な活動を見通す環境づくりのためである。見通すことで、内部も外部も全てを活動空間と捉えることができる。互いの活動風景が目に入ってくることで、「あ、あそこであんなことやっている、私たちならこうするぞ！」といった刺激を生んでいる。刺激を受けるのは生徒だけではない。先生も掲示されたモノ、互いの授業風景を見ながら、教育の研究者として切磋琢磨し、日々学んでいるのである。そして、何より、何もかもが見える空間は、様々な活動をひとつにまとめた、至民中学校という風景をつくっているのである。

・異例のプロセスとカタチ
　──「壁床式版構造」とその解析
　今回は、とにかく活動「コト」を優先した、異例のプロセスだった。「コトのデザイン」から「モノ」をデザインしてきた平面図は、構造的に合理的とは言いがたいカタチになった。一般的な学校建築は、柱と梁によるラーメン構造でつくられ、構造が最も経済的に納まる8m×

8mや9m×7mといったスパン（柱の間隔）により、教室空間を決めているくらいだから、至民中が異例中の異例であるのは間違いない。この"夢の重さ"を構造設計技術で見事に支えてくれたのは、構造計画プラス・ワンの金田勝徳氏とそのスタッフである。

私たちは、コトを最優先させるワークショップによって次々と変化していく計画案をつくる中で、構造と約束事をしていた。しかし、使い手から出る夢の実現に向けて、これらの約束事からはみ出してしまったこともあった。しかし、変更されていく平面に理解を示し、調整し、構造計画技術をもって真摯に応えて下さる、懐の深い"柔らか"で"力強い"構造家であった。

この建物は、教室の間仕切壁「耐力壁」と、がっちりとした一枚の床「剛床」である「フラットスラブ」により構成された「壁床式版構造」の鉄筋コンクリート造である。壁が柱、床一面が梁の代わりを果たす構造だ。そして一部の鉄骨の柱は、主に地震力を受ける耐力壁に対して曲げ剛性の小さい鉄骨無垢材を採用し、長期荷重時と水平荷重時に生じる軸力を受けるものとなっている。耐力壁と、床を支える鉄骨柱、それぞれの役割を明分化し、断面積を必要最低限に抑えているのだ。様々な活動への制約をできるだけなくすこと、中庭との関係や眺望の取り込みを考えての構造設計である。

この構造形式の場合、壁梁などの措置がとられることもあるが、今回は、耐力壁端部の応力集中部には梁型を設けて配筋を集中させて壁梁もなくしている。これにより、奥行きの深くなる教科センター方式の空間に、天井を這わせた光を取り入れることができ、明るい空間が実現できている。また、梁がないことは、空間の有効活用にもつながるほか、天井裏の配線も梁貫通の場所が少なく、効率的な施工が行えた。

この構造設計は、「有限要素法による架構のフルモデル解析」という新しい構造設計技術を用いている。工業分野に端を発し、建築用に転用された解析システムだという。コンピューター上で模型のような仮想モデルを計画し、これを1mグリッドに分割して、それぞれに

現場にて施工者と打ち合わせ。

鉄骨柱の建方が進む現場の風景。

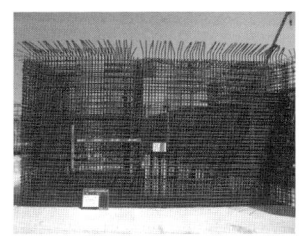

耐力を負担するため、鉄筋が多く入った耐力壁の様子。

様々な力がかかった場合の解析を行う。床は40,732コマ、壁は1,430コマ、鉄骨柱などの線材の部材数が372本、これらを一つひとつ解析していくという気の遠くなる作業である。その解析結果は、その作業量を思わせない美しいサーモグラフィーのような図で表現され、複雑な応力の流れを視覚的に把握でき、応力集中に適切な評価ができる解析方法として採用されていたのだった。

・3つの新しい技術

　この建物の構造体では、3つの新しい技術を採用している。ひとつは、ボール型の発砲スチロールを入れ自重を軽くし、強固な床版を構成する「ボールボイドスラブ」である。通常は、管状のスパイラルボイドを用いるが、直角のない建築への対応としてこれを採用した。また球体は、床の振動を等しく拡散するため、スパイラルボイドスラブよりも高い遮音性が得られる構法でもある。

自重を重くし、床版を構成する「ボールボイド」と床の配筋の状況。

　ふたつめは、壁や床が十分な力を発揮する、強度の高いコンクリートの採用である。通常の1.5倍の強度であり、地方での利用は稀だ。これも建築的な制約を少なくするため、そして、コストを抑えるための工夫でもあった。

　さらに、象徴となる「葉っぱのひろば」は、全国で初めての現場打ち「張弦スラブ」を採用した。スパンの大きな「多目的ひろば」を無柱の軽やかな空間として演出するための工夫である。しかし、福井は積雪を2m、重さ6,000N/㎡の積雪荷重が必要である上、学校という用途に対して、通常の1.25倍の一次設計用地震時せん断力と必要保有水平耐力を採用する必要があった。これには、苦心されたようだが、その荷重を思わせない軽やかな空間が完成した。未来を思わせる、活動を創造させる学校の象徴的空間である。皆の夢の重さを、軽やかに支える、"柔らかい構造設計"を象徴する風景である。

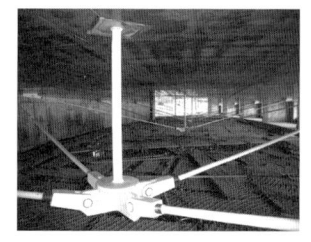

全国で初めて採用した「張弦スラブ」。葉っぱのひろばを象徴的空間に見せる重要なデザインである。

・ハプニングによって生まれた暖房方式

　設計期間の思わぬ"どんでん返し"は衝撃だ。しかし、それを受けとめて忍耐強く最善の方向へ導くことも、私

有限要素法によるフルモデル解析の資料。上は仮想モデル、下は解析結果。サーモグラフィーのような美しさと分かりやすさがある（解析資料：構造計画プラス・ワン）。

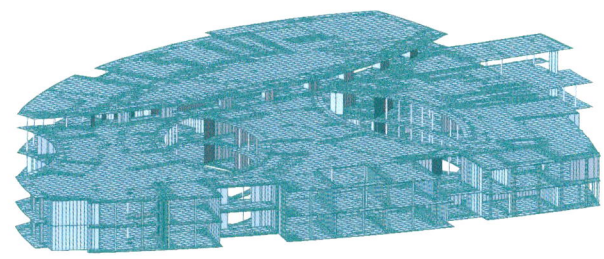

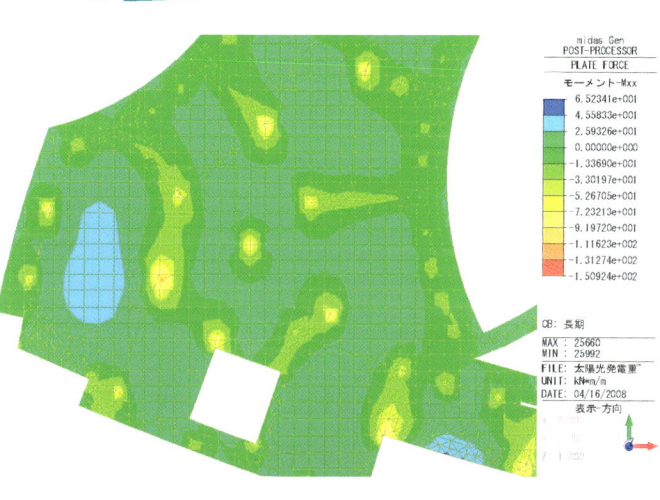

屋上階スラブの打設前の風景。白い部分にはボールボイドスラブが、黒い部分には補強筋が入っている。

第3章　柔らかい学校建築がつむぐ「学び」　　97

【Column】
自由で開放的な空間構造をめざして

これまでの長い建築構造設計活動の中で、あらゆる用途の建築設計を経験してきた。35年ほど前に某市立中学校を設計したのが、私にとって最初の学校建築だった。「普通の構造にしてください。これまでの学校と変わったことはやらないでください。他の学校のPTAに、なぜこの学校だけが違うのかと騒がれると困るのです」。公立学校の構造設計は、退屈な設計という思い込みのまま、しばらく学校建築の設計から遠ざかっていた。

至民中学校では、空間はあくまで開放的であり、空間を仕切る固定的な構造壁や視線をさえぎる柱や梁などの構造材がほとんどないことが構造設計上のコンセプトに挙げられ、ワークショップを経てできあがった平面は、構造上の拘束から解放された自由な平面となった。かくしてかつて学校建築の設計では、ほとんど何もしないで済んでいた構造設計者は、今たいがいの構造上の要望には対応できる柔軟性と、刻々と変化する計画内容に耐えられるタフさが求められるようになったのだった。

ここで用いられている構造方式が、これまでに前例のないものであることから、それに伴う構造解析方法は一般の構造設計の際に用いるものとは異なる方法（FEM解析）による必要があった。このため福井大学の小林克己教授、日本建築構造技術者協会（JSCA）によるピアレビュー（審査）を受けて多くの貴重なご意見をいただいた。建設現場では、通常見られる長方形建築に比べ、数段難しい建築形態の工事を無事完成させた施工担当者の努力も忘れられない。

建設行為が各分野における専門家相互のコラボレーションによって実現することは言うまでもない。至民中学校の設計はそのことをよりいっそう強く感じるプロジェクトであった。　（構造計画プラス・ワン／金田勝徳）

【Column】
「壁のない教室」って、冬、寒そう！

仕切りのない連続空間の暖房について、私たちは頭を抱えた。冬は寒いので、ちぢこまり閉鎖的になりがちな生活に対し、従来は空間を仕切り、暖房機を据え、できるだけすきま風が入らないように扉の開閉に際し、「しっかり戸を閉めなさい」と注意を促されてきた。ところが至民中は、従来とは全く異なり、固定壁ではなく、校舎のあらゆる場所が学びの場となり、学習テーマ毎に空間構成を変化させ、建築形状による使い勝手の制約を可能な限り排除しようとしていた。

温度分布の悪い室内では、暖房機などの暖かな場所に集まり、自然と体の動きが鈍くなり、活動が限定的になる。従って至民中は、校舎全体を暖房することになるのだが、これが許されない中、私たちは〈暖房を感じない暖房＝涼暖房〉が、ひとつの回答ではないかと考えた。つながりをもった連続空間、しかも天井の高低差がある空間に対して、居住域暖房を目途とした→涼（寒くない）暖房とした。それは、身近に接している土間床から冷気を遮断すること。また、ペリメーター（窓）側に、太陽光の陽だまりと同じ効果を用意し、連続空間の大きな気積を動かさなくても済むようにすることだった。

そこで、土壌蓄熱暖房＋蓄熱式暖房機併設方式とし、エネルギー単価（ランニングコスト）の安い夜間電力を用いて、床躯体やペ

リメーター側に設けた熱容量の大きな煉瓦に蓄熱し、日中に放熱するものとした。結果、環境負荷も建設費も通常の床暖房設備に比べ、抑えることができた涼暖房設備が、建築形態と相まって、至民中のめざす教育と一体となった器造りに寄与できたのではないか、と考えている。

竣工1年後の冬、さらさら雪の降る中訪問した際、生徒達の活達でのびやかな動きを目の当たりし、その意をさらに強くし、すこし"ホット"な気持ちになり、"ホット"胸をなでおろしたのだった。

（中部設計／仙黒祐二）

【Column】
関係者の密な連携で完成した新至民中学校

校舎棟は、不整型な架構を採用しており、工事を遅延なくかつ高品質な施工をするために各工程段階で専門工事業者を交えた検討会を実施し、広く意見交換をして施主・意匠・構造の要求に応えられる施工を行った。特別な躯体構造を施工するにあたり下記に挙げる4つの施工計画を重点的に実施した。

① コンクリートの施工計画

強度の高いコンクリートを使用し、配筋量の多い壁・スラブを打設するために、現場でコンクリート打設前検討会を専門工事業者と共に行い、コンクリート打設に挑んだ。コンクリート打設時には、設計・監理者も専門工事業者と一体となり、竹竿を使った締め固めを行い、気泡の少なく密なコンクリートを打設した。

② スラブと鉄骨無垢柱の納まり

構造体に方向性がないため、スラブ内に定着している鉄骨プレートとスラブ配筋の方向が常に一定ではなく、その場所毎に鉄骨と鉄筋の取り合う角度が違うため、標準パターンのモックアップを作製し、施工図では表現できない複雑な配筋の施工性を高めるために専門工事業者の意見も取り入れ、不具合をなくした上で、現場での施工を実施した。

③ 球体ボイドと配筋の納まり

発泡スチロール製の球体ボイドをスラブ内設置するため、スラブ配筋はコンクリートの充填性を考慮し任意のX、Y方向を決めて三段配筋とならぬよう配慮した。

④ 張弦スラブの施工計画

ジャッキダウンはレベルを確認しながら徐々に下げていき張弦材に張力をかけていく工法を採用しており、施主・設計・監理担当者立会いのもと支保工を3mmずつ徐々に下げていきスラブジャッキダウンを完了させることができた。

今回の工事施工は、新しい構造形式を採用しており、今までにない問題と直面したが、計画段階で施主・設計（意匠、構造）・監理の意思疎通を充分にし、お互い意見を出し合った結果、問題を乗り越えることができたのだと思う。（熊谷組北陸支店／豊岡敏広）

たちの仕事である。設計が終了しかけた頃、暖房方式の変更を余儀なくされた。「柔らかい学校建築」での活動が優先でき、建物による制約をできる限りなくすためには床暖房が必須だったが、コストを抑える必要が出た。しかし、ストーブを何台も置いて空間を遮断するわけにもいかず、教育長をはじめ、市の担当者、設計者一丸となって、その難問に対峙した。ハプニングは結束力を高める。設備設計を担当した中部設計の仙黒祐二氏とスタッフも、根気強くこれに向かい、イニシャル・ランニングの両コストで床暖房を下回る、新たな方式の採用へと導いてくれた。

　それは、「土壌蓄熱式暖房」の採用である。地中（正確には捨てコンクリート）に電熱パネルを埋め込み、深夜電力を利用して躯体と土壌に蓄熱させ、昼間放熱する輻射熱暖房で、1階を暖房することにした。当時小規模の保育園や高齢者施設でしか実績がなかったのだが、藁をもつかむ思いで決断した。また2階では、電気蓄熱式床暖房の床置き型を床下に設置した。これも苦肉の策である。設備設計の協力と市当局の働きかけで、なんとか「柔らかい学校建築」に相応しい暖房環境を生み出せた。移動が多いため、インフルエンザの集団感染を心配する声もあったが、均質で適度に暖かい環境からか、開校一年目は例年より非常に少ない状況だった。

「土壌蓄熱式暖房」の電熱パネルの敷き込み状況。結線後この上にもう一度捨てコンクリートを打設する。

・チームワークとたゆまぬ努力

　これまで、皆が一丸となってまとめてきた図面を、現実のモノにしていくのが「現場」である。この現場の職人さんがいなければ、建物になることはない。現場では、多くの技術者や職人さんたちが入り、一日一日を積み重ねていく。それは、私たちにとって、決断の連続でもあるが、刺激と感動の連続でもある。至民中学校は2006年10月21日の着工式にスタートし、2008年3月まで、約1年7ヵ月、延べ約30,000人の人によるものづくりであった。

　この不整形な建物をつくっていくことは、決して容易ではない。光波測量機を用いて、必要な点を1点ずつ落

とし込み、線をつくり出していく地道な作業を日々続けてくれた"縁の下の力持ち"がいなければ、「柔らかい学校建築」を生むことはできなかったのだ

　また、この現場は、「壁床式版構造」「張弦スラブ」などの初めての技術が多く盛り込まれた現場だった。皆が、いかに効率よく、失敗なく、優れた性能をもった建築を生み出すか、緊張感の中で、智恵を絞り出し、議論を重ねた。方向性がない中での配筋は、一定方向の配筋に対して角度に決まりなく鉄筋がぎっしりと交錯する補強部を納めるのに、智恵を要した。原寸大の模型（モックアップ）を作成し、調整を繰り返す。鉄骨無垢材の柱と床版との取り合い部分も同様だった。そして、それを実行に移す職人さんは、その都度綿密なミーティングを行い、疑問については徹底的に調整・検討を行い現場に向かっていく。まさに、協働の姿だった。

　また、全国初めての試みとなる「張弦スラブ」では、ムクリをつけて打設したスラブを、4週強度確認後、ジャッキダウンさせ、張弦材に張力をかけていく。ジャッキダウンは、約950㎡の面積に、90cmピッチで立つ支保工のネジを1本1本半回転させ3mmずつ下げていく作業である。不均等な力がかからぬよう、緩やかに均一にさげていかねばならない。意匠・構造の設計者立ち会いの緊張感のもと、約2日をかけて無事に終了させることができた。

　さらに、強度の高いコンクリートを打つことによって仕上がってしまう一発勝負の「打ち放しコンクリート」の部分が数多くあった。壁を打設する際には、現場・設計者総出で、昔ながらの竹竿による締め固めを行い、また、スラブでは、収縮ひび割れを配慮した細心の注意が払われた。結果、現段階でもクラックが非常に少なく、そして美しく、制度の高い打ち放しコンクリートが実現できた。

　現場にルーティンワークはない。チャレンジは、職人魂をゆさぶり、ほどよい緊張感をつくり出し、現場の団結力を生む。"柔らかいチカラ"がなければ成し遂げられない。一品生産である建築ならではの醍醐味である。

スラブのジャッキダウンでは約950㎡の面積に90cmピッチで立つ支保柱のねじを1本1本半回転させ3mmずつ下げ、光波測量機によってチェックしていく。

打ち放しコンクリートのため、打設には緊張感がただよう。竹竿で締め固めを行う際は設計者も参加した。

現場事務所では、意思疎通に必要な情報源が所狭しと貼り出され、模型や材料が並べられ、それらを使いながらミーティングが行われた。それはまるで、チャレンジを支える場所として、まるで"至民中学校建設工事科"の教科センター方式のメディアのようだった。建築というのは、様々な分野の人たちの協働によって成り立っている。様々に絡み合った情報を適切に伝達し合い、互いの力を引き出し合い進めていく協働は、大変だがとても充実しており、議論の中で新しい可能性が見えてくる瞬間は、鳥肌が立つほどのおもしろさがあった。そして、そんな様々な世代が入り交じり議論し合う中で、現場のものづくり文化は継承され創造されていくのだ。

　そもそも教育との二人三脚から生まれた「柔らかい学校建築」が、様々なチャレンジをもたらし、構造設計や設備設計、地域の現場の「柔らかいチカラ」を引き出し、皆の"心組み"によって、前代未聞の学校建築をつくり出した。そんなふうに、ものづくりに汗して充実した時間を過ごしている人たちがいたことを、学舎の風景を通して、生徒にも知ってほしいと思っている。そして、その思いを継いで、学校の文化、地域の文化を育てていってほしい、と心から願っている。

班ごとに分かれた、鉄筋を担当する班長が集まってのミーティング。新しい取り組みは結束力を強くさせる。まるで教科センターのメディアさながらの風景だ。

やっとこの日が迎えられたとホッと皆が胸をなでおろした竣工式典。どの人も皆笑顔だった。

8　「柔らかい学校建築」は文化を生む

　至民中学校の学校づくりは、教育と共に「学ぶ」「教える」という文化を再構築することから始まった。そして、2008年4月に開校を迎えて以降、設計者でさえ、いつも新しい発見があり、驚きと感動をくれる風景がある。様々な「ヒト」が、多彩な「コト」を行い、多彩な「モノ」を生む「学びの博物館」とも言える環境が生まれている。

　私たちは、様々な人たちや環境・モノとの出会いを通じて、小さな"夢"のかけらをもらい、根気強くそれらを積み上げ、建物をつくってきた。そうした「柔らかい

学校建築」づくりは、ヒト・モノ・コトを受けとめ、至民中学校ならではの学校風景をつくったと言えるだろう。そしてその風景はさらに、新しい活動、文化をつくり出していってくれるはずだ。

　文化とは、何も難しいことではなく、"心おどる活動"を探すことである。そして、建築はその活動を呼び起こす風景をつくりあげなくてはならない。「学校」には、がんじがらめになっているものをもう一度生き生きとした姿へと導き、地域文化の創造につながる大きなチカラが潜んでいる。生徒も、先生や地域の方々も、自分の心と向き合い、ワクワクする活動を探し、心おどらせるチャレンジを続けながら、皆の"夢"を受け入れるのが至民中の「柔らかい学校建築」であってほしいと願っている。

　また学校づくりは、地域が"夢"や"文化"を考えることのできる、数十年に一度、巡り会えるか会えないかのチャンスだ。それは、特別なイベントに頼らず、子どもからお年寄りまでが参加できる「まちづくり」である。「学校ってこんなことができるんだ！」「学校づくりって

文化祭での一コマ。様々な「ヒト」が、多彩な「コト」を行い、多彩な「モノ」を生む「学びの博物館」とも言える風景だ。

おもしろい！」という発見ができる素晴らしさを、ここ至民中から叫びたい。

【Column】
「チカラある建築」に励まされ、生まれた至民中学校

　至民中学校のプロポーザルが開催された2004年7月3日、JIA（日本建築家協会）北陸支部・富山県建築士会主催の「呉羽中学校魅力の再発見」というシンポジウムと見学会がありました。プロポーザル特定の知らせを受けた直後にその会に参加していた私は、呉羽中学校のような中学校を創ろうと、決意を新たにしたことを思い出します。

　福井から車で約2時間の富山県呉羽山は、若かりし頃から福井で地域の設計家を目指す有志と共に、「呉羽の舎」（白井晟一氏設計）や「呉羽中学校」（吉阪隆正氏設計）などの名建築に日参した地でした。なかでも1959年に設計された呉羽中学校は、素朴でありながら迫力のあるすばらしい建築で、その竣工当時は、ひょうたん型の中庭を取り囲む馬鹿でかい栗の丸太の手摺り・檜の窓枠・木製建具、これらが外壁のコンクリート打ち放しと調和した、力強くもやさしい空間に圧倒されたものでした。また、中庭を囲むベランダは、様々な用途に使用され、今の学校にはない「工夫して使用すること」によって生まれる自由な空間となっており、かたち（ハード）とひと（ソフト）が一体となって夢をはぐくむ工夫が施されていたのです。

　シンポジウムでは先生・生徒・卒業生・地域の人のそれぞれの思いを聞き、また記念誌『呉羽中学校の50年史　光みつる藤が丘』を読むにつけ、竣工から様々な文化や歴史をはぐくんできた学校建築と地域の人々との関係に、強い感動を覚えました。そうした「チカラある建築」が、懐かしい思い出を呼び覚まし、新しい学校づくりへの夢と決意を、私に与えてくれたのでした。

　至民中学校の設計は、そのような呉羽中学校との偶然で感動的な再会の一日からスタートしたのです。ただ、残念なことに呉羽中学校はすでに解体され、この世に存在していません。でもそんな運命から完成した至民中学校が、その5年後となる2009年7月、思い出の富山の地にて、日本建築学会北陸支部主催の北陸建築文化賞を受賞したことは、何かの因縁であるように思えてなりません。　（設計工房顕塾　代表／柳川正尚）

「呉羽中学校の魅力の再発見」の見学会の様子。何とかこの建築を残したいという思いから多くの人が参加していた。

至民中学校の一日 — 登校 —

朝の光を採り入れたエントランスの登校風景。

ロッカーから荷物を準備して移動。使いやすさをめざし、引き戸式ロッカーを設計した。

授業前の移動風景。柔らかい光が校舎内を照らす。

至民中学校の一日 — 授業開始

可動間仕切りで仕切られたふたつの教室で、いずれもオープンに授業を行っている。

オープンスペースが積極的に授業でも活用されている。

連続教室を広く使った理科の授業。

話し合いながら協働する調理実習。家のキッチンの一歩先どりを考えたキッチンを開発している。

丸見えの至民中学校。活動がさりげなく見渡せる。

広さを活かして、ちらばってパート練習。

開放的な体育館。フィーレンデールトラスを用いた構造、素材は福井市産杉に白のふきとり着色を行っている。

至民中学校の一日 — 昼休み —

同じテーブルに異学年で座る、「しみんホール」での給食風景。最初は会話もぎこちなかったが……。

昼休みのメディアセンターは、本好きでいっぱいに。本の展示も工夫があり、本を楽しめる心地よい空間。

▼中庭が和みの場となる休み時間の風景。やすらぎ・なごみ・いこいがほしいと語った生徒達の願いを叶えた。

掃除風景。これももちろん異学年で行う。

至民中学校の一日 — 放課後 —

至民中学校の行事は何もかもがクラスター。放課後、対抗意識が白熱して、3年生が1年生をひっぱり、自主的に合唱コンクールの猛特訓を行っている。

先生方の前線基地が「ステーション」。クラスターのチームワークづくりの拠点となっている。

学校に見守られながら、のどかな環境に囲まれて下校。

至民中学校の一年 —年間行事—

至民中の一年の始まりを告げる「クラスター団結式」。

▲体育祭には、地元の保育園児も参加。中学生の学びにもつながっている。

▶「葉っぱのひろば」にて初めての文化祭。「クラスター」の団結旗と、地域の「しみんアカデミー倶楽部」による試行錯誤の展示風景。

向かい合わせで生徒が並ぶ卒業式。収納されたステージをせり出している。何もかもに新しい至民中学校のスタイルをつくろうとする姿勢がある。

地域公開講座で行った社会の授業。連続教室の可動間仕切りを開いて行われた。多様な人数に対応できる。

▼文化祭でのグリーンクラスターの展示。もはや教室とは思えないまるで「学びの博物館」に。

▶小学2年生がミニ遠足で訪問。中学生に詩を朗読して交流。

◀地域の方による「計る 量る・測る」の文化祭展示。初めて見る昔の道具に興味津々。

学校見学があると学校を案内してくれるボランティアガイドの方々。地域の居場所「しみんステーション」で先生と打ち合わせ中。

至民中学校の一年 ― 地域交流 ―

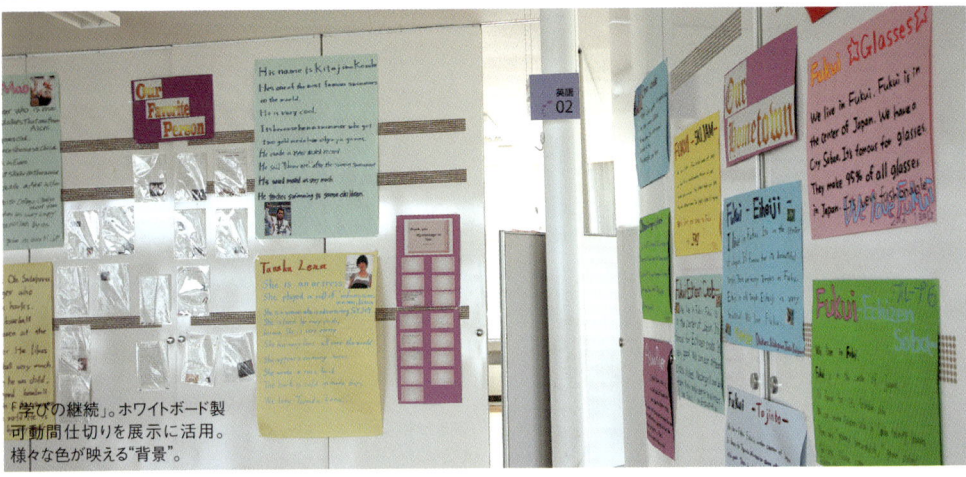

「情報発信」檜OSBを用いた"情報の壁"。

「ピタゴラスイッチ」づくり。テレビほどきれいではないけれど……。

"学びの継続"。ホワイトボード製可動間仕切を展示に活用。様々な色が映える"背景"。

壁に貼るだけでなく、様々な工夫を凝らした掲示物。

「保健のひろば」で心を元気にする言葉・思いを書いたキルトづくり。

受験シーズンの前、いつの間にか現れた合格祈願の「至民神宮」。それぞれの願いを絵馬に託す3年生と、見守り応援する下級生がいる。

第4章

学校に時間をデザインする
授業改革と学校建築

1　オープンな環境での日常的な授業

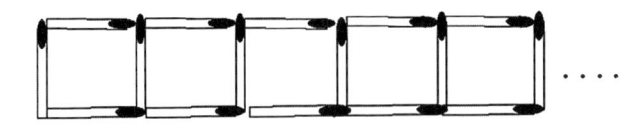

「マッチ棒で正方形を作りながらこのようにつなげていきます。5個の正方形ができたら、マッチ棒は何本使われているか、簡単に数える方法はありますか」

こう問うと、生徒たちはちょっと考えながらも、いろいろあると答える。「では数え方とその説明をグループ毎に話し合ってホワイトボードに書いてみましょう。何通りでも良いですよ」と課題を与えると、生徒たちは自分のグループがひとつずつ持っているホワイトボードの周りに集まって、話し合いながら、簡単な図を書き始める。少し書き出すと、他のグループが何をやっているか気になりだしてグループを離れる生徒や、ホワイトボードが足りずに教室の間仕切りの壁に書く生徒も出てくる。知らない人が見れば学級崩壊のようにも見えるが、本人たちはいたって真剣である。

私が通常使用しているこの数学教室は五角形。しかも長いふたつの辺が曲線で、黒板と垂直でもない。こ

ホワイトボードの周りに集まって、話し合いながら、簡単な図を書き始める。

こでは今までのように6列×5列で整然と机を並べること自体が不自然である。したがって、通常グループ毎に座席を組み、黒板には極力背を向けないような配置にしてある。黒板を背にした四角い教卓の前で講義するのではない。教卓にあたる物は円形でキャスター付きであり、どこにでも移動する。必ずしも黒板が授業の中心ではないのである。模造紙や画用紙等にグループ毎にまとめさせることもあるが、そういうときには隣接するひろば（オープンスペース）に出て作業をする。ホワイトボードはその際も下書きのように使用される。自由な討論がホワイトボードを介して行われるのである。壁面は、黒板面が2面、ベランダに出ることができる扉を含めたガラス窓の面が1面、隣の教室との可動間仕切りが1面、そしてオープンな（何もない）面が1面で造られている。この可動間仕切りが全面ホワイトボードになっていて、書き込み自由なのだ。

　出揃ったらホワイトボードを見せ合いながら教室でアイディアを共有する。一番多い［1＋3×5］や、5つの正方形5つ分からダブっている分を引く［4×5－4］、縦と横を別々に数える［6＋5×2］の他にも、1本ずつ数えた［1×16］、正方形をひとつ飛びに数えて残りを足した［4×3＋4］なども出されるが、振り落とさずに全て残しておく。生徒が考え出したアイディアに無駄なものは何ひとつない。それぞれの方法はナンバリングしておく。「次に100個の正方形だったらどうなりますか？どれかの方法を使って求めて、できたら同じ方法の人と答え合わせをします」と指示をすると、各自の自分の机で答を求めた生徒が、ひろばの机（どの机に何番のアイディアで求めた生徒が集まればいいのか指示してある）へノートを持って移動する。次々と移動して歩き、確認していく過程でどの方法が簡単か見えてくる。

　正方形がいくつでも求められるという生徒たちのつぶやきが聞こえる頃を見計らって、「正方形の数がわかったらすぐにマッチ棒の数を求められますか」と、一般化の考え、文字式の導入へと進んでいくのである。

　中学に入学して2ヵ月足らずの6月初めの数学の授

ホワイトボードを介して友達と共に課題に没頭する。

業。正方形の数を文字で表すことで、マッチ棒の数をどの場合でもひとつの式で簡潔に表せ、なおかつ、どうやって考えたかもわかるということを実感させる文字式導入の授業だ。さらに、ここから皆で出し合った形や考え方の違う文字式が、どのように整理されていくのか、文字式の単元全体が、マッチ棒の数え方の探究を軸として進められていくのである。もうこの頃にはホワイトボードもオープンスペースも何度も使っており、慣れたものである。

　先生の説明を受け、黒板にひたすら綴られる文字をノートに写し、解き方を覚え、練習を積んでいくような、いわゆる知識注入型の学習スタイルから、自分たちで問題を解決していく中で新たな概念を構築していくような、探究・協働型の学習スタイルへと転換を図ってきた移転開校までの3年間。授業観の転換がどのように芽吹き、どのように形を成してきたか、そして新しい校舎でどのように成長していったかをこの章では記したい。

2	授業改革から始めよう

・何から着手するか

　私は新至民中学校へ移転開校まであと3年というときに本校に異動した。第2学年主任として多感な生徒たちと向き合う毎日が始まったのである。他方、研究部*にも所属し、新しい学校づくりに具体的に何から取りかかるとよいのか考える。地域開放エリアを持つと聞くから地域との連携のあり方の研究？　いや、どのような施設になるのかもはっきりしないのに難しい。同一学年のつながりだけで運営されている中学校の現状に風穴を開ける？　これまたイメージが浮かばない。教科センター方式になるというから、教科センター方式の運営について研究を進めるべき？　いや、現在の生徒たちはひとりと

*研究部＝学校には、いろいろな役割を担う組織体があり、それを校務分掌という。教育課程や時間割等の教務部、備品や施設の管理部、各種会計を担当する経理部、生活指導全般にわたる生徒指導部、そして実践研究を推進する研究部等がある。研究部は、一般に、学校独自の研究テーマ設定とその具体的取組の推進、校内研究会や研修会の企画・運営等を行う。

して教科センター方式の校舎に入るわけではない。

　私はたまたま「授業づくり部会」の責任者になった。授業改革なら一歩ずつ進めていけそうな予感がする。中学校は一般的に、「部活動指導や生徒指導は大事だし、これまでもずっとやってきた。研究をするほど時間のゆとりはないし、しっかりと知識をたたき込んで受験に備えることが一番」というムードに支配されている。至民中学校も類に漏れず。これももちろん大事だが、生徒たちが中学校生活で最も多くの時間を費やす授業改革を中心として、教師の価値観を問い直すことから始めよう、吉村淑子研究主任（当時）も、他の「心づくり部会（学習への心構えやルールづくり等）」「学級づくり部会（授業が円滑に進められるような人間関係づくり等）」も「授業」に焦点を当てると宣言している、今の生徒にも必ず活きるはずだと、方針を心に決める。

・至民式の問題解決型学習を創り上げよう

　受験指導に傾倒している授業。どうしても講義、例題、練習という流れになる。生徒は椅子に座っているだけ。確かに生徒指導上の心配もあろうが、彼らにとっては苦痛でしかなく、受験が終わったら何も残っていない勉強をやらされているだけで、学校が楽しいだろうか。授業では知を創り上げていくところが一番おもしろい場面なのに、教師が奪ってしまっている。ここに切り込むところから授業改革は始まった。

　最初の課題は教師が出せばいい。しかし既習事項や資料を総動員して、大いなる試行錯誤のもと、なんとかして解決に向かおうとするのは教師でなく生徒のはず。その過程で新たな問題意識が芽生えてくるに違いない。問題を明確にして協働で解決に向かい、知を創り上げる。これを至民式の問題解決型学習としよう、職員全員で試行錯誤しながら、そんな授業を創り上げようと提案した。

　生徒に考えさせると言っても、決められたひとつの答えを当てるという形式では知を創り上げることにはならない。思い切った課題と場の設定、私語や呟き、相談も認める雰囲気の演出と、教師の抜本的な意識改革が必要

新至民中学校へ向けての第一歩は授業改革。全校体制で授業研究に打ち込む日々が始まる。

になる。長年にわたってしみついた慣習はそう簡単には変われないだろうが、授業公開をしながら考えていくことを共通理解した。

・何のための授業公開？

　授業公開はどの学校でも行われている。至民中学校でも指導主事訪問日*には研究授業が公開されていた。そのために部会や教科会*を開いて複数の教師が学習指導案を徹底的に検討する。学習指導案は授業のプランをまとめたもので、目標、単元や題材についての考察、現在の生徒の状況、指導の方略、主な発問やそれに対して予想される生徒の反応など時系列に表した学習活動等が書かれている。これは教師にとっては大変重要なものであることには違いないが、よりよいものにと検討を重ねるうちに授業者の当初の構想はどこかへ飛び去り、誰の学習指導案かわからなくなることもしばしばである。複数の教師の知力を結集して作られたものだから、授業者は、授業中学習指導案から離れることができない。授業後の授業研究会でも、「学習指導案の〜ができなかった」「学習指導案の〜について質問があります」等、やはり学習指導案から離れられない。苦労して苦労してせっかく公開したのに、教師の言動に集中砲火されて、授業者は公開そのものを後悔してしまう。「もう二度と公開（後悔）するものか」これでは何のための授業公開かわからなくなってしまう。

*指導主事訪問日＝教育委員会の中で、学校における専門的な指導を行う職員が指導主事であり、年間2〜3回、計画的に学校を訪問し授業や生活指導等について指導を行う日。
*教科会＝同じ教科の同僚による会議。

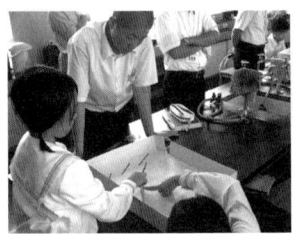

コミュニケーション活動を重視した授業が次々と公開される。

・授業を公開して良かったと思える公開にしよう

　辛くておもしろくない授業公開から、公開してよかったと思う授業公開へ転換を図りたい。そして意味のあるものにしたい。そこで、まず日常的に気軽に公開をするために、学習指導案はあってもなくてもよいこととした（公表をやめたということで、作るのを禁止したわけではない）。気取らなくても普段の授業でよい。年に1度の「イベント授業」を成功させても、日常の授業は変わらないのだから。それよりたくさんの授業をお互いが見合うことによって、至民式の問題解決型学習の具体化

へ少しでも進んでいけばよい、そんな気持ちであった。
　「もう一度公開しよう」とどうすれば思えるのか。それには、すぐ評論家になりたがる参観者の意識が変化することが不可欠。まず、「生徒はみんな頑張っていました」とか「授業者は落ち着いて対応していました」といった全体的な感想を述べることはやめて、「この授業にどんな意義があったか」を「生徒の実名を挙げて観察した事実で伝える」ことを大前提とした。教師ではなく、生徒を観察して授業者に伝える。生徒を知っている同僚だからこそできることであるし、授業者も大変参考になる。実名を挙げ、「A子は何も聞いていないように思っていたけど、説明する場面になったらどんどん話し出したよ」「B夫は自分の授業では寝ていることが多かったけど、隣のC子に聞かれたらこんなアドバイスをしていたよ」という具合である。いつもは授業研究会をなかなか開く時間がないので、職員室の教師専用パソコンの共有フォルダに「参観記録」として書き込んでいく。「教師のふるまい」から「実際に生徒はどんな学びをしたのか」に徐々に視点が変わっていく。年間で40本程度、内部への授業公開が行われた。私自身も当時の全ての先生方の授業風景が今も思い起こせる。

・授業研究会は批判する会じゃない
　通常、研究授業後には、参観した教師や指導助言の方を交えて授業研究会が行われる。授業者の反省から始まり、授業者への質問、意見、同教科の教師のアドバイスやフォロー、最後に指導・助言というのが一般的な流れ。しかし、たいていは授業者へ質問や意見が集中し、終わったときには授業者は「もうこりごり」。この仕組みを変えてみる。参観のポイントを「教師」から「生徒」へと転換するのと同様に、授業研究会の主人公を「授業者」から「参観者」へと転換する。お決まりの「授業者の反省」はやめて、参観者が生徒の事実から授業の意義を考え、授業者に返す。最後に授業者が授業と授業研究会を通しての感想を述べて会を閉める。
　「教師の振るまい」から「生徒の学びの様相」へと見

方を変えたことによって、他教科の授業にはあまり口を挟まないという風潮、いわゆる「教科の壁」が取り払われることになった。参観者も生徒と同じ目線で、ある生徒の様子を見ながら授業に参加する。この生徒のこの場面のつぶやきはどんな意味があるのだろう、このノートのメモはどこにつながるのだろう、この授業ではどんなことを学んだのだろう、という視点で参観するならば、教科の専門性はあまり必要ないものだ。指導案が公開されないから、真剣に授業の意義を見いだそうとする。それぞれの参観者が観察した生徒の学びが紹介されてつながり、学びが再生されたときは授業者も参観者も本当に嬉しいし、同僚性を感じることができる。そして、また授業を公開してもいいなと思えるものである。

　教科の専門性から見たコメントや、教師の発問とか進め方についての協議がないと授業研究が深まっていかない、という意見もあろう。しかし実際は、授業を終えた瞬間に授業者は課題の設定や進め方に関する不備は感じるものである。さらに研究会で、子どもの学びの実際を参観者から聞くにつれ、自分の当初の思いとずれているのを目の当たりにする。授業者からの最後のコメントにはこれらが含まれ、十分に次の課題が見えてくるのである。また、教科の専門性に関することは、機会を捉えて個人的に聞きにいけばよい。もちろん指導案立案に際して相談に乗ってもらうこともあろう。しかし重要なことは、全ての授業は授業者個人の責任で行われたものであり、その場に居合わせた授業者と生徒が教材に真摯に向き合って創りだした協働的活動の賜であるということだ。授業者に敬意を表し、参観者全員でその協働的活動の意味づけや価値づけをすることが、自分の授業の振り返りにもなる。授業を介して教師同士がつながり合えるこの研究会を支えることは、同じ至民中学校で教鞭を執る者の務めと言えるのではないかと考えている。

　「まな板の鯉」となっていつも批判されてばかりの授業研究会が変わった。「授業者が気持ちよく終われる。これはいいですねえ」。同僚がしみじみと語ってくれた。

3	研究紀要は全員の手で

・研究紀要は何のためにあるの？

　これまでも毎年研究紀要を発行していた。研究紀要とは研究機関が定期的に出す研究報告の機関誌であるが、研究授業の学習指導案やその後の考察が中心のもの、総合や特別活動など部会毎にまとめていくもの、研究論文を投稿する形式のもの等、スタイルはいろいろである。しかし、代表者や各個人の報告を集積したというだけで、作成後に改めて読み直す、という性格のものではなかった。前年度の至民中の研究紀要も、部会の代表者が、年間のスケジュールを紹介したり、研究授業を中心に成果と課題をまとめたりしたものであった。研究紀要が生きていない。

　そこで研究紀要作成にあたる秋頃に、ふたつの変更点を提案した。代表者だけでなく教師全員が授業の実践記録を書くこと、1時間の授業記録ではなく「問題解決型学習のひとまとまり」を書くことにしたことである。とにかく書く。自分たち独自の紀要にしたいのであえて例示はしない。学習指導案の段階でなく実際に行われたことを、具体的に生徒の固有名（仮名）を挙げて、羅列でなく文章形式で、時系列に授業者が捉え直して書き綴った。

　1月末日が第一稿の締め切りである。しかしここからが本番である。全員に印刷配布し、2月中に各部会や教科会で読み合わせをするのである。部会での読み合わせでは、教科を越えて場面、場面での授業者の思いを聞き出し、授業のねらい、培いたい力等を明確にしていき、修正を重ねていく。ここでも教科の壁を越えた語り合いが意味を成す。授業の組み立てが全く違う他教科の実践記録が大変参考になるし、他教科の教師から出される何気ない疑問に丁寧に答えていくことが、授業者自身の問い直しとなり、力量形成につながる。いくつもの実践記録について語り合う中で、至民中学校として生徒に培い

> **【Column】**
> ## 2008年「研究紀要」巻頭言
>
> 　2008年度の巻頭には、山下校長（当時）の学校づくりに対する次のような熱い思いが綴られている。
> 　――これは、これからの中学校教育のありようを求めてやまない教師集団の挑戦の履歴であり、新生至民中教育の発信の履歴である。
> 　私たちの履歴は、中学校教育の未来を切り拓く「初めの一歩」にしか過ぎないのであり、年を重ねる回数と同じだけ乗り越えていくことをここに誓うものである。
> 　教師集団の熱い思いと至民中教育の実践が必ずや中学校教育の改革を実現させるものと信じてやまないのである。
> 　挑戦し続ける至民中学校であることの証として、この研究紀要を発刊する。
> 　　　　　　　　　　　　　校長　山下忠五郎

たい学力が明らかにされていくのだ。どうやって書いたらいいのかわからず悩んでいる教師に、生徒の内面がわかるようなワークシートを準備しておくこともいい、とアドバイスする教師がいて、大変感動した。この教師は2年後の全体研究会の場で「紀要が授業を変える」ことを発言している。「授業研究も良いけれど、これが一番力がつく」この年から毎年書き、4回目を書いた教師がしみじみ語った。開校3年前から劇的に変わった本校の研究紀要は、年々量と質が向上し、実践の充実を物語っている。教師を語るとき、「こんな実践をした教師だ」と語りたい。実践記録はその教師の「名刺代わり」なのだ。

・問題解決型学習の一コマ「いつでも成り立つの？」

いつでも成り立つのはどれ？
①円の半径が10倍になると、面積も10倍になる。
②天ぷらよりも寿司の方がカロリーが低い。
③四角形の4つの角の和は360°である。
④奇数と奇数の和は偶数である。
⑤年をとると白髪になる。
⑥全ての辺が3cmの四角形の面積は、全ての辺が3cmの三角形より面積が大きい。

　2年生秋の数学、論証の導入。全員に示された命題に対して、「いつでも成り立つのはどれか」という課題を

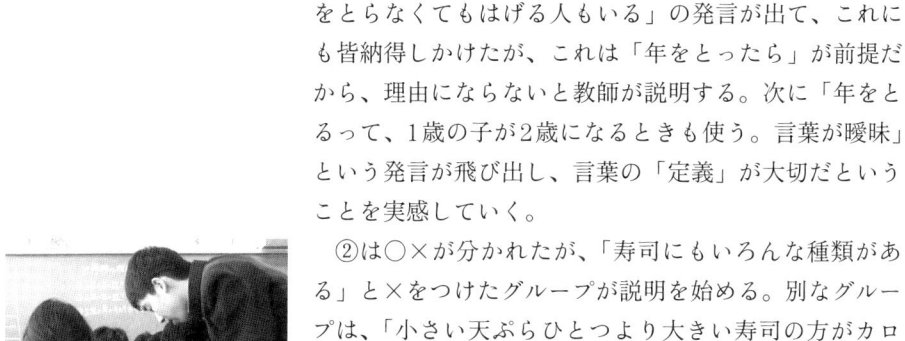

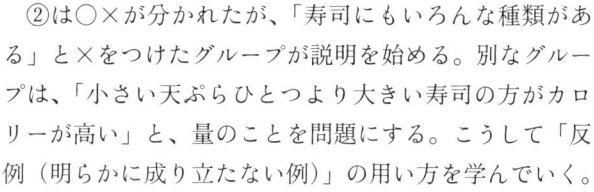

提示する。グループ毎に〇×の判断を下し、その理由を説明する。例えば⑤では、「人によって違う。はげる人もいる」で皆納得。一件落着かと思われたところ、「年をとらなくてもはげる人もいる」の発言が出て、これにも皆納得しかけたが、これは「年をとったら」が前提だから、理由にならないと教師が説明する。次に「年をとって、1歳の子が2歳になるときも使う。言葉が曖昧」という発言が飛び出し、言葉の「定義」が大切だということを実感していく。

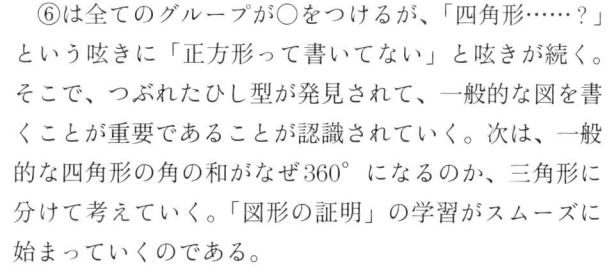

②は〇×が分かれたが、「寿司にもいろんな種類がある」と×をつけたグループが説明を始める。別なグループは、「小さい天ぷらひとつより大きい寿司の方がカロリーが高い」と、量のことを問題にする。こうして「反例（明らかに成り立たない例）」の用い方を学んでいく。

⑥は全てのグループが〇をつけるが、「四角形……？」という呟きに「正方形って書いてない」と呟きが続く。そこで、つぶれたひし型が発見されて、一般的な図を書くことが重要であることが認識されていく。次は、一般的な四角形の角の和がなぜ360°になるのか、三角形に分けて考えていく。「図形の証明」の学習がスムーズに始まっていくのである。

教師が課題を与え、生徒は解決に向かう途中で、解決すべき本当の問題にぶつかる。これが至民式の問題解決型学習である。この「いつでも成り立つか」は、開校3年前の研究紀要に著し、教科を越えた小グループで読み合わせをして実践の意味を共有したものである。同僚の数学教師は、これを参考にしながら自分の形で命題を作り直して実践している。

このような問題解決型学習はグループ毎に課題に向き合い検討していけるようなホワイトボードや十分なスペースがあれば、さらに深く、自由に考えを進めていけるに違いない。授業がいろいろな意味で変わっていく可能性を秘めている。

グループ内で白熱した議論が続く。

4	70分授業の導入で授業の質の転換を図る

・授業時間を変えるって？

　このように、2005年度から授業改革を中心に研究を進めてきた。問題解決型学習を推進し、普段の授業を変えようとしてきたのである。しかし2005年度後半の受験期に入ると、どうしてもテストの点数に直結するようなドリルが続くようになる。なかなか長年かかって体に染みついた教師の体質は変わらないのである。この「変われない教師」「変われない授業」に対しての決定的な一打、それが「70分授業」で、移転開校2年前の2006年度からスタートした。教科センター方式でネックになる教室移動の時間を考えての発想ではなく、あくまで授業の質の転換をねらったものである。というのも、通常の50分授業ならば講義中心でも成り立つだろうが、まさか70分間講義をしているわけにもいかないだろう。生徒も教師も集中力が持たない。そこで生徒主体の活動場面を設定しなければならなくなる。探究的な授業、協働・参加型の授業を創り出せそうな枠組みだ。

　しかし、当然のことながら、2005年度終わりの全体研究会で研究部から提案されたときの職員の戸惑いは隠せなかった。「何を言い出すの？」という感じである。「今（50分）でさえ集中できないのに、70分なんて集中できるはずがない」という意見が支配する。「長い時間で回数が減るより、短い時間で何回もあったほうがよい」と主張する教師もいる。英語科はスキルを身につけなくてはならないので、そう考えるのも無理はない。「今ですら忙しくてたまらないのに、この上に毎日教材研究や授業の準備なんてやったら倒れてしまう」と語る教師もいた。そこでそれぞれの思いを語ってもらい、協議は次の週に持ち越した。

　さて次の研究会。打って変わって賛成するムードが漂う。1週間のインターバルの間に、職員の間でインフォー

マルにいろいろな場所でいろいろな面から70分授業の是非について語られたのだろう。至民中学校の授業はどうあるべきか、どんな力をつけさせるべきか、そして約1年間語られてきた問題解決型学習が日常的に行われているかを、今の自身の授業と照らし合わせて考えたに違いない。「いつもいいところで授業が終わってしまって中途半端。そういうことがなくなる」「話し合い活動を組み込みたかったけど今までできなかった」「実技教科は本当は2時間続きでやりたかったけれど、70分でいろいろな可能性が出てくる」「問題解決型学習を進めようとすると、50分ではやっぱり中途半端」……。最終的には「何かいろんなことができそう。愉しみ」という意見が大半を占めるようになった。「教科書も変わるこの年は変えるチャンス。新しい教科書に沿ったカリキュラムを作らないといけないのだから」という中島順子教頭（当時）の言葉が最後の一押しとなり決定されたのである。

この転換後も授業公開を続ける。私自身は、生徒が自ら動く技能教科の授業が参考になった。例えば技術でロボットの動きを制御するプログラムを作成する授業。自

【Column】
70分授業

従来型の知識注入中心の授業から、探究、協働型の授業へと転換を図るために導入された。講義中心でなく、生徒活動が70分間のどこかに組織されている。与えられた課題に対して、まず自由に自分なりに取り組んでみることで生まれる問題意識を大切にし、「結果」だけでなく、「過程」を重視している。

また、導入からまとめや評価まで1コマの時間内で学習内容を収めることが可能になり、思考の連続性が保障されるようになった。「自己評価」の重要性も、実践していく中で逆にクローズアップされていった。

さらに、今まではバラバラに行っていたことを総合的に扱うことが可能になった。「読む」「書く」と「聞く」「話す」、「鑑賞」と「制作」「表現」、「基礎」と「応用」といったことを総合的に扱うのである。例えば方程式の学習では、通常は、天秤のモデルを用いた等式の性質の学習、等式の性質を用いた計算練習、複雑な計算問題、文章題、というプログラムが一般的である。しかし、これでは方程式を学ぶ必然性が感じられない。方程式は「何か数値が決まっているけどわからない、その数値を知りたい」ときに表れる概念。私は単元全体を、「この数を当てよ！」というタイトルのもと、何とかして簡単に「数当て」をするために等式の性質や解法を探っていくカリキュラムに組み替えている。カリキュラムの再構成をも余儀なくされたわけだ。

(牧田秀昭)

分で課題を明確にしながらプログラムを修正し、また実際試してみる。70分間はあっと言う間に過ぎる。探究が楽しみにならなくてはいけないし、それには環境も大きく影響することがわかってきた。

・1日が変わる

　授業を70分にしたことで、1日の生活の仕方が大きく変化した。午前中は3コマ、午後は1コマの授業があり、休憩時間はゆとりを持たせて15分とっている。午後の授業の前には、「REタイム」という20分間の授業がある。当初「ドリルタイム」という名称で始めたこの時間は、教科担任が担当する5教科の授業である。基本的には、復習や確認、練習、家庭学習のやり方を学ぶような時間として位置づけている。英単語でReのつく単語（Reflection/Relation /Record/Recovery etc…）が含む内容を総称して名づけた。50分授業を70分授業にすることで授業間隔が開くという問題点があったのだが、50分×3回を、70分×2回＋20分として、週3回の回数を確保したのである。この「REタイム」と70分授業、家庭学習と併せて、探究・習得のサイクルを構築するシステムとなった。ちなみに月曜と金曜の4限目は、道徳、学活で、50分授業を行っている。

　また、全校朝読書、ノーチャイムを同時に始めた。朝読書は全国的に取り入れている学校も多く、至民中でもこれまでは1年生が朝読書を恒例にしていたのであるが、それを全校体制にしたのである。ノーチャイムは中学校では珍しいかもしれない。チャイムに追われるのではなく、自分で時間を支配するシステムである。静かな環境で、落ち着いた生活のリズムをつくる。1日のリズムができると同時に、月、金の第4校時はホームでの50分授業であることで、1週間の生活リズムもできる。新しい生活スタイルが出来上がったのだ。「1日4時間の授業回数は集中できて良い。休憩時間が15分間というのもリフレッシュできる」と生徒にも受け入れられたようだ。

20分間の「REタイム」では、基本的な内容について、異学年で教え合う機会を持っている（2008年）。

登校	〜7:50
朝読書	7:55〜8:10
朝の会	8:10〜8:20
1校時	8:30〜9:40
（授業間の休憩は15分間）	
2校時	9:55〜11:05
3校時	11:20〜12:30
給食	12:40〜13:10
清掃	13:30〜13:40
REタイム	13:50〜14:10
4校時	14:25〜15:35 (月(道徳)金(学活)は50分間)
帰りの会	15:45〜16:00
下校	〜18:30(冬季は17:30)

2008年度校時表。70分授業は午前3コマ、午後1コマのゆとりのある校時。目的が明確で、落ち着きのある生活リズムを演出する。

旧至民中学校での公開研究会。21世紀の中学校のあり方を考える参加者で被服室は満席に。

・学校改革の過程を公開する公開研究会

　新しい学校ができて、研究成果を公開していくのは世の常である。しかし本校は、学校改革の過程を公開しようと、この年から「新しい中学校づくりに向けての公開研究会」と銘打って、公開研究会を開校までに3回行った。2006年6月29日に、「学力充実をめざした新たな授業づくり」をテーマに第1回を開催。ドリルタイム（当時）と70分授業を公開したが、まだ手探りの状態で、授業者も70分間を使いこなしていない状態だった。同年10月26日に第2回目を開催。学校は学びに来る場所。70分授業にも慣れてきた教師と生徒がじっくりと授業づくりをしていくことを提案する。松木健一氏による「21世紀の中学生に培う学力を問い直す」という提案もいただき、至民中の構想を題材としてこれからの中学校教育を考えていこうという性格を持つようになる。次年度10月24日に第3回を開催。授業だけでなく、授業研究会のあり方そのものも提案し、開校を待つ。

　毎回100名程度の参加者があり、関心の高さがうかがえる。最初は「70分ありきか？」「集中が持たない」という反応が多かったが、回を重ねるたびに生徒の学びの姿が柔らかくなるのを目の当たりにし、至民中の授業研究会のスタイルを取り入れる学校もあり、提案の趣旨が徐々に伝わってきたように思う。

5	全員参加の部会組織で学校運営

・全職員が主人公に

　これまで述べてきたように、2005年度から、生徒が主人公になる授業づくりを進めてきて、2006年度より70分授業に変更した。この実践研究を支えるため、2006年度からは授業研究部会を3部会立ち上げ、教科を越えた小グループで授業づくりについての語らいを続けてきた。それに加えて、2007年度からは学校運営に関

する運営部会を3部会編成し、それぞれいずれかの部会に参加することとした。

　中学校教師は多忙である。ほとんど時間外となる部活動指導は言うに及ばず、様々な校務分掌の仕事（教務関係、行事の準備、生徒会活動、清掃や給食、日記指導など毎日の生活指導、施設の管理、PTA活動、諸帳簿作成等）や、外部との関係での仕事（様々な会議、連絡、報告書作成等）をひとり何役もこなし、早朝からときには深夜まで職務にあたる。この状態で、新たな中学校づくりに向けての研究活動は無理というもの。また、それぞれの校務分掌には複数の名前が併記され、打ち合わせの時間が取られるだけでなく、個人の意見が全体に反映されにくい。これを解消するため、全員が一人一役を原則に校務分掌を再編する。無駄な会議をやめて、連絡すべきことと協議すべきことを区別したのである。運営部会は、新至民中学校を見据えて、学校のあり方そのものを協議していく組織として立ち上げた。授業研究部会同様、全員が3つのいずれかの部会に所属することで、全職員が学校運営に直接参画できるようになった。

　異学年による縦割り集団「クラスター制」は、移転開校の前年度である2007年度より試行を始め、「運営部会A」が担当する。建物は従来のままだが、異学年による活動の可能性や課題を見いだそうとした。通学や生活上のルールについて、移転に伴って見直すことが必要なことが多々ある。これを担当するのが「運営部会B」である。生徒会組織についても抜本的な見直しがなされた。新至

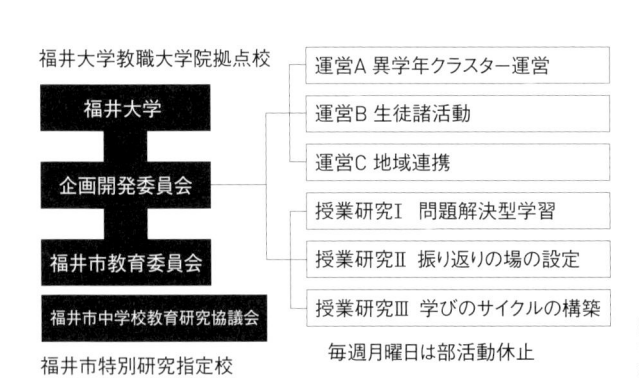

```
福井大学教職大学院拠点校    ┌ 運営A 異学年クラスター運営
   福井大学               ├ 運営B 生徒諸活動
      │                   ├ 運営C 地域連携
   企画開発委員会         ├ 授業研究Ⅰ 問題解決型学習
      │                   ├ 授業研究Ⅱ 振り返りの場の設定
   福井市教育委員会       └ 授業研究Ⅲ 学びのサイクルの構築
      │
   福井市中学校教育研究協議会
   福井市特別研究指定校      毎週月曜日は部活動休止
```

2007年度協働研究組織。全員参加の運営部会と授業研究部会がボトムアップの研究体制をつくる。

いろいろなテーマをもとに、意見交換が行われる全体研究会。教師のコラボレーションが、新たなアイディアを生み出す。

民中学校は地域開放エリアを持ち、地域連携のあり方を提案していくことが求められている。これを「運営部会C」が担当する。詳細は第6章で述べられている。

これら3つの運営部会の責任者と、3つの授業研究部会の責任者、及び管理職、教務、研究主任が集まって、部会研究の調整、推進、広報等を担うのが「企画開発委員会」であり、研究主任の私が運営する。企画開発委員会には、大学の先生方に随時参加してもらい、刺激的な助言を受ける。次年度からスタートする予定の福井大学教職大学院拠点校としての先行研究である。また、福井市のパイロットスクールという役割を担うために、福井市中学校教育研究協議会の運営について、福井市教育委員会との協働研究をこの会で進めていく。

研究会の時間の確保も重要である。そのため、月曜日は部活動を休止とした。授業は生徒が主人公。学校の仕

【Column】
福井市中学校教育研究協議会とは？

21世紀の知識基盤社会を生き抜く子どもたちを育てていくためには、学校、とりわけ中学校は大きく変わらなければなりません。これまでの受験指導・生徒指導・部活動指導を中心とする中学校からの脱却が求められているのです。

しかし、学校という閉ざされた社会の中だけでは、なかなかその改革は進まないものです。そこで、福井市教育委員会が発足させたのが「福井市中学校教育研究協議会」です。市内の中学校から教職員が定期的に集い、至民中学校を素材にしながら、これからの中学校教育のありようを様々な面から協議する機関です。それは、至民中学校の改革だけに止まるものではありません。協議会に集う教職員の授業観や教育観、学校観をゆっくりと変革していきます。そして、それらの教職員が中心となって自校の改革に乗り出していきます。協議会に継続的に参加しているある教師は、至民中学校の公開研究会に参加して、次のように語っています。「生徒の学びの姿から授業の意義を探る研究会がここ（至民中）ではできます。それが『教師が変わる』第一歩だと改めて思いました。本校では、まだ授業者の立場での話し合いが主です。同じ社地区の学校として、至民が輝きだしているように私たちも頑張りたいです」と。

福井市の特別研究指定校である至民中学校は、中学校教育改革の新たな方向性を常に発信し続ける使命を帯びています。その改革の種が福井市中学校教育研究協議会を介して、多くの中学校に蒔かれ、それぞれの中学校という土壌の中で育ち、芽吹いていくことを期待するのです。福井市中学校教育研究協議会、それは福井市全ての中学校を変革していこうとする高き理想を持った存在なのです。さらには、21世紀の知識基盤社会に生きる福井の子どもたちを、学校という枠を超えて協働して育てていこうとする存在でもあるのです。

（至民中学校教務主任／大橋 巌）

事は全職員が主人公。上意下達でなく、ボトムアップで進めていく。

　開校に向けての組織が整った。

・Shimin Study Life（至民中での学び方）編集

　従来の知識注入型の授業から探究・協働型の授業へ大転換を図っているが、生徒や保護者の理解を深めるため、新たに学び方に関する手引き書Shimin Study Life（SSL）を編集することにした。これまでの学び方のルールといえば、チャイムが鳴るまでに座席に着いて静かに授業の準備をする、人の話はきちんと聞く、挙手をして指名されたら大きな声で返事をして立つ、大きな声で話す、といった作法のようなものであった。70分授業になり、これまでの型にはまったルールではない新たな学び方に関する枠組みが必要となったのである。

　生徒や保護者にわかりやすく伝えることは難しいもの。SSLにはたとえ話やコラムを盛り込んで、気楽に読めるように工夫をした。教科編は「なぜこの教科を学ぶのか」からスタートしており、執筆にあたっては各教科教育の本質を捉え直す必要が生まれた。まだまだ修正すべき点は多く、更新し続けることが必要であるが、一冊にまとめることで、これからのベースとなった。

「学び方」を気軽な読み物として著すのはなかなか難しい。

・「なぜ70分授業なのですか」

　「子どもが70分授業でおもしろい授業もあるといっていますが、70分授業で楽しい授業をしてもらうよりも、以前のようにしっかり教えてもらう授業の方が成果が上がるのではないでしょうか。これで受験対策のための学力は本当につくのでしょうか？」

　「受験対策については、3年の後半には他の学校と同じようにやっています。また、中学校だけで子供の学びが完結するものではなく、生涯教育の観点で授業を行い、今社会で求められている学力をつけること、将来に役立つ力をつけることが学力だと考えてやっています」

　「子供は塾に行かせています。塾は短時間で効果的な授業をしていますが、学校もそのほうが良いのではない

至民中恒例のロールプレイ。与えられたテーマに沿って、個性豊かに演じられる。笑いの中にビジョンの共有がなされていく。

> **【Column】**
> ## Shimin Study Life (SSL)
>
> 学びの大きな転換を迎え、至民中学校がめざしている培いたい学力や学びの姿、各教科の具体的な学び方がわかりやすく解説されているもの、何度も目を通してその都度自分の学び方を振り返られるものを作りたいと考えた。通常目にする学び方の手引き書は、カリキュラム表や抽象的な目標の羅列で、読みこなす形にはなっていないものが多いのである。
>
> SSLでは第1章「至民中学校での特徴的な試み」で、教科センター方式やクラスター制を解説、第2章「21世紀型の新しい学び方」で、全教科に共通する培いたい力や講義形式ではない大まかな授業の流れを解説、その後各教科編と続き、「なぜこの教科を学ぶのか」「目標」「学習の進め方」「実力アップのポイント」「評価の観点、方法」となっている。
>
> 書き手が本当によく理解していないと形式的で難解なものになってしまう。何度も原稿を出して他教科の教師とも読み合いながら進めたSSL作成には、その過程に教師自身の学びがあった。
>
> 特徴的なことは、トピック的なことをコラムとして採用し、どこからでも気軽に読めるようにしたことである。例えば、「『わかる』ってどういうこと?」「学習はひとりでやるものじゃないの?」「学習は真面目さが命」「なぜ社会科と呼ばれるの?」「数学は積み上げ教科ではない」「小鳥も歌を学ぶ?」「アートで脳をパワーアップ」「家庭科がなくなると誰が困りますか?」といった具合である。
>
> 今後も更新し続けることを申し合わせている。
>
> （牧田秀昭）

でしょうか?」

「至民中では探究型だけでなく定着型の授業もしています。また、家庭学習とのリンクを工夫しています」

これは実際の保護者とのやりとりではない。夏季研究会（夏季休業中に通常より時間を多く取って行っている研究会）で毎年恒例としているロールプレイの一場面である。保護者役や他校の教師役等、いろいろな役割と場面設定をして、それに応じる本校の教師を演じるわけだ。語りながら自校の教育を考える、我々のビジョンを共有する大切な研修の場となっている。

・**広報、公開、説明会、調整、開校に向けて全面展開**

こうして我々が進めてきている新しい授業のあり方を、地域や保護者の方にもどんどん広報していくことにした。まずは移転前年の2007年度当初に、本校のめざす学校のあり方と具体的な方策を示したリーフレットを、全保護者に配布した。またこの年より企画開発委員

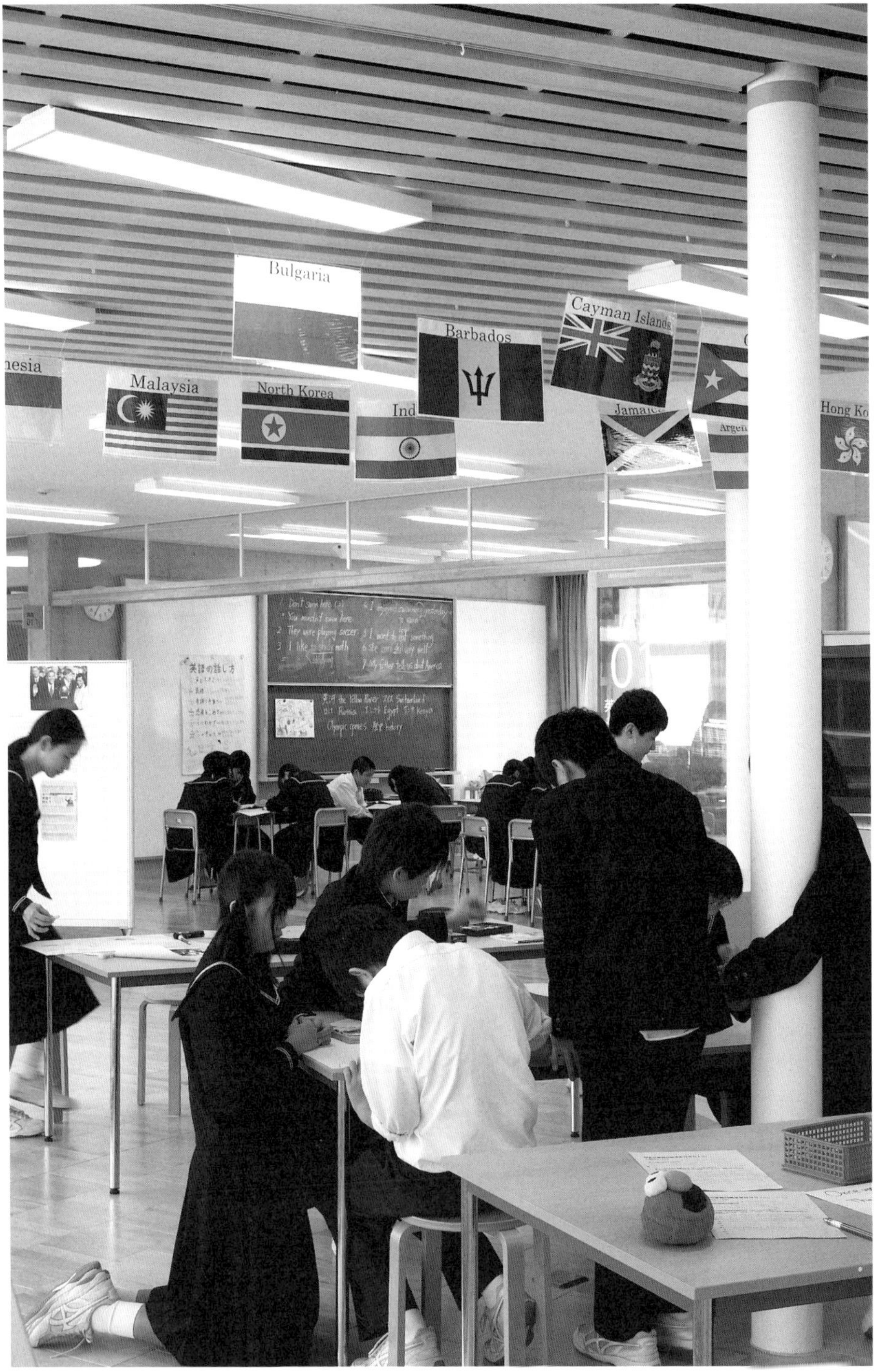
Bulgaria
Cayman Islands
Barbados
Malaysia
North Korea

（左ページ）70分授業は生徒の主体的な活動が授業の中に準備される。見ていると確かに長いが、活動に没頭すると気にならない。

普段は見ているだけの保護者も、この日は生徒に混じって英会話に挑戦。

会通信「学び舎」の発行を始めた。これは実際の授業の様子を、生徒の言葉や記録をもとにして紹介する通信である。教師の意図はなるべく控えて、生徒の活動を掲載する。もちろん、教師自身の授業の捉え直しにもなる。全員が1回以上は紹介した。ホームページにも紹介されている。

「授業が長くて集中できないのでは？」という保護者もまだまだ多いので、「授業参観」ならぬ「親子で学ぶ70分授業」を開催する。見ているだけでは確かに長い。それで一緒に参加してもらおうという企画。私は受験期の3年生の数学で、カリキュラム通り三角形の相似の証明を扱った。グループ活動で、既習事項は、生徒たちが事前に整理して誰でも参加できるようにし、保護者もひとつのグループを組んで、生徒との競争という形態をとった。最初は出遅れていた保護者チームもどんどんペースを上げ、最終的に2位に入った。授業が終了しても席を立たず、考え続けていたのが印象的であった。「長いという先入観で入りましたが、あっという間の70分でした。久しぶりに頭を使い、楽しい時間でした。ありがとうございました」。参加した保護者の感想である。2009年度はこの範囲を広げて、「地域公開講座」へと発展する。

さらに年間3度の「地域説明会」の実施。新しい学校の教育内容や設備の説明を繰り返し、「地域の学校」というムードを盛り上げる。回数を重ねるたびに参加人数も増えていき、関心の高さを実感した。

この頃はもう校舎建設が始まっていたが、新校舎の施設・設備については、設計者と打ち合わせを繰り返した。私自身もヘルメットをかぶって工事現場を何度も見学させていただいた。柱が曲線をなして林立する葉っぱエリアの広がりや、戦艦の中にいるかのような中庭の不思議な空間、美しく曲がるデッキからの眺めのよさなどを目の当たりにして、この地で何ができるだろうか思いを馳せたものである。一つひとつの教室の備品等についての最終調整も一緒にさせていただき、いよいよ我々の学校がスタートする、という実感を得たのだった。

| 6 | いよいよ移転──オープンな授業の始まり |

・圧倒されるオープン性

　2008年3月は膨大な引っ越し作業に追われ、いよいよ4月に移転開校。新しくきれいな環境で、自然と心も弾む中、授業が開始される。最初に圧倒されたのが、教科センター方式、というより、何もかもがオープンであるということ。これまでの教室は閉ざされており、外のことはわからないのが普通だが、新しい教室は、ガラス張りか、壁そのものがない状態。付近を通る人からも丸見えで、隣の教室での出来事もよくわかる。こんな状態で集中できるのかという心配もあったが、案ずるより産むがやすし。これまで我々がめざしてきた生徒主体の学習活動を組めば、周囲のことはほとんど気にならない。ホワイトボード等を用いてグループ活動に励んでいる。むしろ周囲のことが気になるのは教師のほう。何しろ今までは公開授業のとき以外は自分以外の目は入らなかったのに、これからは常に公開しているようなものなのだから。同じ教科の授業が常に隣接して行われる教科センター方式のすごいところは、毎時間が教材研究、授業研究の時間になり得るということだと実感できた。

　この学校は、モチベーション次第で、授業の質が飛躍的に向上する可能性を持っている。

教室からとび出て、教科のオープンスペースでも日常的に授業が展開される。

・生徒が動く

　教科センター方式なので、生徒が授業毎に学習物を持参し、教科教室へ出向く。休憩時間が15分間あることから、移動に関して不都合なことはない。むしろ余裕があり、授業が終わってもしばらくその教科教室でわからないところを教師に質問している姿や、生徒同士で話し合っている姿をよく見かける。また、すぐに次の授業の教科教室に移動してしまって、そこで授業準備をする生徒や、ベランダで談笑したり、移動途中の教科エリアの掲示を眺めていたりする生徒も見られる。教室移動だけ

開放的な空間を思い思いに行きかう子どもたち。

でなく、授業中でも、第4章冒頭で紹介したように生徒が自ら動くような授業設計を心掛けている。整然と黒板に向かって並んで座り、静かに教師の話を聞き、黒板に書かれた文字を書き写すだけという形態の授業はここ至民中では消えようとしている。

・未知の可能性をもつ教科エリア

　国社数理英5教科の教科エリアは、オープンスペースを取り囲むように、形の違う「教科教室」、「教科ステーション（教員の居場所）」が配置されている。地域開放ゾーンである「葉っぱエリア」も、「葉っぱのひろば」を中心に、技能教科の「特別教室」、「葉っぱステーション」がある。しかも、今まで見慣れた直線で囲まれたスペースではない。前年度から、教科センター方式の特徴である、足を踏み入れるだけでその教科の学習が始められるような運営を全教科でシミュレーションしてきたのであるが、考えるのとやってみるのとでは大きな隔たりがある。

　数学エリアは、他の教科センター方式の学校を見ても、運営が最もやりにくいと言われている。他教科のように教師が作成した情報を掲示したこともあったが、すぐに見向きもしなくなる。授業に関連ある問題やパズル的な問題を出題したり、授業記録としてホワイトボードの写真や数学係が調べたインターネット上の数学関連のWebページを紹介したり、「このノートが成績を上げる」

技能教科も特別教室をとび出して「葉っぱのひろば」で授業を行うときもある。

第4章　学校に時間をデザインする　　135

というタイトルをつけて生徒のノートを紹介したり、試行錯誤の連続である。しかし、これに生徒が食いついた、という実感が湧かない。掲示物は1回見たらもう見ないので随時更新していく必要があるが、なかなか難しいのが実状である。

　そのような状況の中、2年生の関数の学習で、グループ毎に与えられた課題について変化の仕方を式、表、グラフで調べて模造紙にまとめる活動を始めた。それを学習履歴として掲示しておくのであるが、他の学級や学年の生徒が見て、知らず知らずのうちに学習内容をイメージするのか、次々とスムーズに学習が進んだ。2年生の跡を追うように、1、3年生が関数教材に入り、比例、反比例、一次関数、二次関数のグラフや表が書かれた模造紙が並び、さながらエリア全体が「関数ワールド」となった。特に教科会を開いてこのようにしようと決めたわけではなく、教師も自然に他の教師の授業に影響を受けて行われていった結果である。後に、空間図形の学習の場面でも、生徒たちが厚紙で作った図形の模型がどんどんできていった。比較・検討の幅も広がり、こうして学習履歴が無意識の内に学習を促進することを実感した次第である。

・新至民中が授業の題材になる

　オープンな教科エリアと、これまで研究を進めてきた探究・協働的な授業のスタイルが融合して、生徒主体の学習活動を促進していくのであるが、校舎そのものが授業の教材になることもある。与える課題は教師のほうからでも、その解決過程でいろいろな問題にぶつかっている。まさしく至民式の問題解決型学習が展開されている。

　英語科では「Let's talk about Our New Shimin」といった活動をしている。至民中について語ることを題材として、語学学習としての言語事項の活用と定着を図ろうとしている。クラスター(詳細は第5章で紹介)での生活や、快適なベランダやトイレ、水はけが良くて広いグラウンドなどについて語られ、最終的にまとめられた英文は英語エリアに掲示され、他学級や他学年に知らせている。

技術科の「新至民中学校を紹介しよう」では、グループ毎に本校のどこをどのように紹介しようか協議し、デジタルビデオを生徒たちが撮影して、紹介ビデオを制作する。文字、音声、画像等を組み合わせながら編集作業を進める中で、マルチメディア活用の技能を高めていく。数学の授業の様子なども撮影に来ていた。

　特別支援学級でも、学校を探検しながら、デジタルカメラを駆使して、たくさんのコメントが入った「至民案内」を作成した。例えばタイトルにもなっている学校遠景の写真には、「ぼくたち自慢の学校紹介をします」「とってもかっこいいよ」「みんなで大事に使います」とコメントされている。メディアセンターには、「なんと外を見ながら読書ができます」、放送スタジオには「しみんホールの上に浮いているみたいです」といった施設紹介のコメントが続く。畑の写真には、「ぼくたちの畑です。今は大根と大きなカブを育てています」「土橋さん（施設員）とサツマイモを洗いました」「みてみて、ぼくのサツマイモ」と、学習の成果も一緒に紹介されている。総合的な力の育成を図っている。

　理科では、大地の変化の学習の中に、「至民中の地下の様子を調べよう」という学習活動がある。色の違うゼリーを層にして固めた教材をストローで何ヵ所か取りだして全体を推測するという模擬的なボーリングの学習の後、実際のボーリングでの採集物をもとに、至民中の地

特別支援学級の前に掲示されている、手作りの「至民案内」。ほほえましいコメントから、学校への愛着が見てとれる。

第4章　学校に時間をデザインする　　137

下の様子を学習する。まさに教材が生きている。

・新至民中での生活に密着した授業も展開されている。

　美術では、新至民中への「願い」をモニュメントとしてデザインした。クラスターの団結ややさしさあふれる学校への願いが多く、中庭に展示された。文化祭でも発表の場面があり、全校生徒の前でプレゼンテーションをした。心にしみる発表であった。

　音楽では1年生でクラスターの応援リズムづくりをした。3パートのリズムアンサンブルで、新人戦の激励会でクラスター毎に発表された。直前はどのクラスターも練習に盛り上がっていた。

　また、美術部は学校中のいたる所に作品を展示している。たくさんのトイレにも全て行き渡っており、大変気持ちがよい。科学情報部では、理科エリアにどんどん研究物を展示している。授業とも関連させて、教材づくりそのものに取り組んでいる。

　新至民中は至る所に学習の題材があふれているのだ。

【Column】
至民中学校への「願い」を「形」に――美術科立体造形プロジェクト

　抽象表現学習の一貫として、美術科で取り組んだプロジェクト。「こんな学校にしたい」という「願い」を抽象的な「形」に表現していく。和雄(仮名)は、勉強と遊びのけじめのある学校、バランスのとれた学校になってほしいという願いを、『柱』というタイトルをつけて形作っていった。学校祭では実物投影機を使ってステージ発表を行った。

　「4つのクラスターが助け合い、ときには競い合いながら、しっかりとしたいろいろな考えを持った人がたくさんいればいいと思います。遊びと勉強のバランスをとれるようにしていける学校にしていきたいです。そして、このふたつの願いがまじって、学校全体が高まっていければいいと思います」

　「一番下のゴツゴツした台は一人ひとりのいろんな考えを表しています。論理的に考える人や直感的に考える人、時間をかけてじっくりと考える人、いろんな角度から考える人など、いろいろあります。その上にあるふたつの球がいろんな考えを前提とした上での勉強と遊びを表しています。大きさも同じで全く平等です。その上の4つの輪がクラスターで、クラスターを通り抜けて、勉強と遊びがひとつになって上へ伸び、しっかりとした人へと成長していくことを表しています」

（イエロークラスター 2年男子）

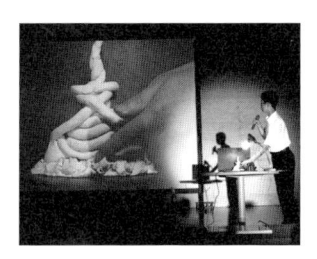

新至民中へ託す思いを形にして、文化祭で発表。大きな拍手が鳴り響く。

・**授業はどこでもできる**

　移転前、授業をするにあたって大変心配していた教科があった。葉っぱエリア1階に教科教室を持つ美術、技術、家庭である。特別教室が狭いのだ。しかし始まったらどうだろう。教室内だけで授業をしている教科はどこにもない。「ライフデザインスタジオ（家庭科室）」では調理実習をしたら「しみんホール」で試食をしている。「アトリエ（美術室）」からも「ラボ（技術室）」からも「葉っぱのひろば」に生徒が出てきている。グループ活動と個人の活動、制作とコンピューター操作を同時に行うためだ。オープンどころか、同じひろばで授業を行っている。しかも互いにじゃまになっているわけではない。閉ざされていたときには、廊下を通る足音だけでも「誰？」と外のことが気になって仕方なかったのに、これだけオープンだと、逆に全く気にならなくなるのが不思議だ。ラボに入るように指示すると、「教室の中でやるの？」という声まで聞こえる始末。変われば変わるものである。授業はどこでもできる、使い方ひとつで学校が楽しくなる。

　至民式の問題解決型学習と協働的な学びという柱を持つ70分授業を中心にして、授業の質の転換を図ってきた。それにオープンで自由な空間、日常的な教科研究がマッチし、予想を超える、大きな力を与えてくれたのだ。今我々は生徒たちと共にこの時間と空間に生きている。

第5章

5つの小さな学校
異学年型クラスターと学校建築

1　学年体制がなくなる？

　中学校は学年で動いている。学年での結束が重視され、受験指導でも、生徒指導でも学年団として指導に当たる。他学年の生徒とは交わらないように、校舎や廊下に近づかないようにと生徒に注意をすることもある。生徒も自ら他学年とは一線を画し、先輩から逃げ隠れする下級生はどこにでもいる。一緒にいると揉めごとの種になることもある。中学時代の1、2年生の年齢の隔たりは想像以上に広く深いのである。こういった現状で、学年制でなく縦割り集団の異学年型クラスター制にするというのだ。

　私自身も最初に構想を聞いたときは、想像することさえできなかったことを思い出す。準備のための研究会でも心配な声が後を絶たない。「いじめにつながらないだろうか」「もし問題が起きたら、学年指導部がなくなって、どこ（誰）が対処するの？」「同じ学年の生徒が学校中に点在して、情報が伝わるの？」「先輩の悪い影響が下級生に出てしまう」「指導が徹底できない」等々、生徒指導に関する問題が多い。また、「今まで学年で出していた宿題はどうする？」「進学対策は大丈夫？」「今までの学年会の時間はなくなるの？」「会計はどうする？」といった既成概念に囚われた疑問点も数多く出された。これまで学年体制で生徒指導をこなしてきた教師たちばかりだから尚更である。「こんなシステムでは生徒は荒れる……」不安ばかりが先行する。

　そんな中で、私や皆の心に落ちたキーワードは、松木健一氏の「5つの小さい学校」である。確かに小規模の学校がそれぞれに自治意識と組織を保つならば、今までには考えられなかったような学校が実現するに違いないと考えるようになった。よく我々の中で例えられたのが、ハリーポッターの世界、ホグワーツ魔法魔術学校の寮制の話で、それぞれがイメージを膨らませたものだ。新しい学校を捉えるためのこれまでにない枠組みでの発想が

必要だ。しかしそう簡単にはいかないような気がする。実現のためには、教職員の意識改革と組織の変革は欠かせない。さてどうしたものか。

| 2 | 前年度からクラスター試行 |

・個々の生徒が生きる

　頭の中で考えているだけでは具体化しない。運営部会A（第4章5節に紹介）を中心として、移転開校1年前、準備の最終段階となる2007年度は旧校舎でクラスター制の試行を行った。体育祭の色決めのようなものを年度当初に行い、生徒会行事や総合的な学習、清掃活動で、縦割り集団での活動を始めてみたのである。

　最初に手応えを感じたのは合唱コンクール。クラスター対抗で、上級生が下級生をうまく指導し、例年より前向きな取り組みが見られた。これが、体育祭の応援など、例年縦割りで活動している学校祭をよりスムーズに、よりレベルの高いものにした。

　次に、秋の「地域に貢献しよう」というクラスター総合。クラスター毎に異学年による小グループを編制して、地域清掃や、保育園、老人ホームの訪問、危険箇所のポスター作り、地域の調査等、それぞれテーマを決めて活動した。最初のテーマ決めでは、3学年の生徒が車座になって打ち合わせをしたのであるが、こういう風景が常時見られるのだろうと想像したものだ。心配された生徒指導上の問題も皆無で、和気あいあいとやっている。今までなら、3年生であっても行事のときには人の影に隠れているような生徒がいたが、小グループの中でリーダーシップを発揮しなければならない。やりがいも感じている。人間的な成長も見られた。

　手応えや利点が見えてきて、何も問題がないようにも見えるが、それはまだ、所詮学年毎の教室配置がベースになってのこと。すなわち、行事や総合などの特別な活

旧至民中でのクラスター毎による地域ボランティア。保育園へ行ったグループは園児たちと仲良く交わる。

動でのことであり、日常生活は学年体制で行われているのである。教員の指導体制も普段は学年体制。これが毎日、年間を通してとなるとどうなるだろう。我々教員のシミュレーションは続く。

・生徒会組織をどうするか

　クラスター制への転換は、当然会長や副会長などの執行部をはじめとする生徒会活動へも大きな影響を与える。これについては、運営部会Bが中心となって方向性を探っていった。クラスター制になるからどうするかということではなく、これまでの組織と実態を振り返り、問題点を洗い出すことから始めた。いろいろな委員会が独自にコンクールやキャンペーン（授業開始と同時に着席しているかを競う「タイムカップ」や清掃態度を競う「美化コンクール」など）を企画しても、なかなか全校体制にならない、コンクールをしてもそのときだけで終われば元のまま、という具合である。これらを解消するために、各委員会から出された問題点を学校全体の問題として共通理解し、絞り込んで、各クラスターで独自に改善策を錬って実行するというシステムに改めた。学校全体のことを考える各クラスター代表2名ずつによる中央委員会、クラスター内の運営を司るクラスター委員会を新設し、生徒会長は月別持ち回りにしたのである。まさに合衆国のようなシステムである。しかし予想されたように3年生からは反発の声も聞こえた。自分たちがやってきたことを否定されたように感じた生徒がいたのである。これまで献身的に生徒会活動に尽くしてきた3年生、及びたくさんの卒業生がいる。ACTV運動＊に代表される彼らの思いを大切にしながら、新たなスタートを切っていくことになるのだ。このACTVの文字は、在校生全員の手によって造られた陶器を組み合わせたモニュメントとして、新校舎の中庭に刻まれている。新たな歴史は伝統の上に築かれていくことを、これからも思い出させてくれるであろう。

＊ACTV運動＝あいさつ、クリーン、タイム励行、ボランティア活動のことで、生徒会活動の伝統的な活動の軸になっている。

| 3 | 4つの小さな学校ができる |

・毎日一緒にいるからこそできる一体感

　移転開校し、クラスター毎に教科エリアのホームに入る。初年度は3年生が4学級のため、ブルー（社会）、イエロー（数学）、グリーン（理科）、パープル（英語）の4クラスターでのスタートとなる。それぞれのエリアには、ホームのサインや、柱、天井の一部にクラスター色がさりげなく使われてクラスターとしての一体感を醸し出している。名札の色もこれまでの学年毎の配色からクラスター毎に合わせた。それぞれのホームは、ラウンジと呼ばれる生活空間のひろばを取り囲むように配置されている。ラウンジとの仕切りは移動式ロッカーのみで、扉もなく、教科教室同様オープンである。異学年の3～4のホームで力を合わせて1年間生活しながら、共に成長していけると良い。

　クラスターのスローガンが作られる。私の所属するイエローは「流星群」。「一人ひとりの小さな星の集まりが大きな輝きとなるイエロークラスター」という毛筆の堂々としたスローガンが天井に吊るされる。朝読書や給食、清掃、合同帰りの会（不定期）等の毎日の生活や、クラスター団結行事等を行いながら、生徒も教師もクラスターのシステムに順応していく。ステーションはホームの隣にあるので、一緒に生活しているという実感が持てる。しかし至るところ曲線のため、完全に見通しがき

クラスター合唱のステージは、感動で包まれる。

クラスター長直筆の力強いスローガン。1年間の心の支えとなる。

クラスター組織表（2008年度）

	ホーム・担任					主任・副担任
ブルークラスター （社会エリア）	1-1 宮腰（社）		2-1 村中（家）	2-5 岡本（社）	3-1 齋勝（技）	高田（主・体）大橋（社） 福塚（音）
イエロークラスター （数学エリア）	1-2 山内（数）	1-5 高久（国）	2-2 堂下（美）		3-2 坪田（体）	坂田（主・数）牧田（数）
グリーンクラスター （理科エリア）	1-3 三上（体）		2-3 金鑄（理）		3-3 田中（理）	高村（主・理）永田（国） 忠見（養）
パープルクラスター （英語エリア）	1-4 伊藤（英）	6組 加畑（特支）	2-4 大正（英）		3-4 齋藤（英）	三輪（主・音）佐々木（国） 宮口（美）内山（国）

学校祭で製作されたイエロークラスターのパネル。どの色も力作ぞろいで、体育祭で応援席横に立てられた。2008年度最優秀賞。

クラスターの生活空間には、係からの連絡事項や様々な取り決めが掲示され、徐々にクラスターの独自性が生まれていく。

くわけでもない。近いのにプライバシーが守られているような不思議な空間なのである。

　移転前に心配していた学校としての指導のあり方の不統一感は感じない。異学年の生徒が同じ場所にいるというこれまでにない毎日の生活については、先輩後輩のいじめにつながるような揉めごともほとんど起こらなかった。しかし、特に2年生女子は、最初のうち、3年生の視線に緊張する、つきあい方が難しいといった、新しい生活になじめない感想を漏らす生徒が多数いた。しかし、活動をこなす毎に徐々に解きほぐれていき、前年度にシミュレーションしたように7月の合唱コンクールを乗り越えた頃には、クラスターとしてのスタイルが見えてきた。

　他のクラスターの運営も気にしながら、時間割上に位置づけられた職員のクラスター会で、随時相談しながら進めていく。イエロークラスターは1年生2ホーム、2、3年生各1ホームの4ホームで、ステーションには数学科の3名の他、国語、保体、美術の教員が担任として入

【Column】
クラスターについて思う

　夏季休業中の課題として、全校生徒に「Shimin Study Life（SSL）」の読破と、読後感想文を課した。学び方について書いた生徒が多い中、クラスターについて綴った次の感想文が皆の心に留まった。

　「私が『SSL』を読んで特に印象に残ったのは、異学年クラスター制についてと、70分授業、REタイムについてです。その中でも異学年クラスター制については、今まで4ヵ月間の学校生活の中で思ったことがいくつかありました。SSLには『違う学年のホームが並んでいるひとつのまとまりをクラスターとすることで、様々な学校行事での課題をクリアして生徒たちが大きく成長するのが目的』と書かれています。

　今は別として、初めてクラスター制になったときは、私は他のクラスの人たちとあまり会えなくて、とても淋しかった気がします。先輩たちには緊張して話すどころじゃないし、後輩は後輩で緊張していたから、とても気まずい雰囲気でした。『何がクラスターだ、何が異学年だ、これじゃあもっとしゃべらなくなってしまうじゃないか！』そう思っていました。でもだんだん時間が過ぎていくと少しずつ打ち解け始めて、今では係会のときに同じクラスターの先輩と楽しく話せるまでになりました。後輩もたまに話しかけてくるのでとてもうれしいです。4ヵ月たった今、私が最初思っていたクラスターと今のクラスターのイメージは全然違います。これからも、異学年同士協力し合い、『クラスターっていいな』とひとりでも多くの人が思ってくれたらいいなと思います」

（グリーンクラスター　2年女子）

り、座席を持っている。ちなみに教職大学院拠点校であり、数学科のインターンシップの大学院生も週3回至民中に来ており、計7名で運営している。1年目で、しっかりとした方針を立てて会議をして内容を決めていくというよりも、その都度効果的だと思われるアイディアを気軽に出し合い、「一回やってみようか」というノリで進めてきている。やりながら逆に方針が見えてくる感じだ。たかだか4ホームのことなので小回りがきく。生徒も教師も、いつも一緒に生活しているので、クラスターに対する所属意識は高く、知らず知らずのうちに自分のクラスターを応援している。「イエロークラスター」という小さな学校ができたのだ。

・Cタイムを中心に動き出したクラスター

　前年度の実績を元に、クラスターでの活動について、至民中としての方向性が見いだされていた。それは、学際的な探究活動をメインとするよりも、特別活動の行事

【Column】
Cタイム（Create Collaboration Culture）

　従来の「総合的な学習の時間」のことであるが、実際の活動をイメージして名称を変更した。3年間かけて、「自分自身・学校・地域(街)」を、後輩や家族だけでなく誰に対しても「語れる・書ける」生徒に育てていくことをめざす。地域に根ざしたキャリア教育が柱となっている。大きな特徴は、Cタイム単独で調査活動や探究活動自体を目的として行うのではなく、学校祭や職場体験、小学生体験入学などの行事に向けての活動の中で、課題発見・解決能力、自分の意見をまとめる力、表現する力、資料を整理する力等を培っていくということである。

　例えば年度後半に「キャリアデザインプロジェクト」と銘打ったプロジェクトが進められる。1、2年生合同の職場体験を核として、職業調べや「自分の履歴書」づくり、「ようこそ先輩」の講演会、事前調査、学んだことのまとめ、ポスターセッション、これからの自分の生き方に関する作文等、ロングスパンのプロジェクトである。毎年2学年単位で行うことで、2年目以降は先輩が後輩たちにノウハウを継承し、より主体的な活動ができるのではと期待している。

　「語れる・書ける」生徒をめざしているので、必ず先輩や後輩、地域の方々、小学生等を相手に、自分の言葉で語る時間を設定している。方法はプレゼンテーションソフトや模造紙、画用紙による紙芝居等様々である。また、最後には必ず取り組みそのものや今後の自分の生き方を見つめる作文を書く。字数はなるべく長く設定し、国語科教員からの指導も入れて、より論文に近いものをめざしている。自己評価そのものが、重要な学習活動なのである。

（牧田秀昭）

を異学年で成功させることを目標とした方が本校の生徒の実態に合っているだろうということである。その過程で、情報を調べたり、意見をまとめたり、プレゼンテーションしたり、といった総合的な学習を組み込んでいく。こうして、これまでの「総合的な学習」の時間を「Cタイム」とし、主にクラスターで活動していく時間とした。

移転して、全く様変わりをしたのが学校祭である。お祭り騒ぎで終わらない、文化の薫り高い学校祭にしようと、毎年少しずつ工夫を重ねてきた。伝統的に縦割り集団で準備・運営をしてきていたが、校舎全体を使うことに規模拡張し、なおかつCタイムを使って質の高さを狙ったのである。

2008年度は「応援」「製作」「競技」「発表」「装飾」「展示・体験」の6部門のいずれかに参加。教員の担当も一人一役。生徒、教師全員で学校祭を創り上げる。例年とは2ヵ月早く、6月後半から準備に入る。例えば発表部門は今年度からクラスター対抗ディベートとなり、朝食についてイエローはパン派となって、ご飯食派のグリーンと対戦することとなった。ちなみに、ブルーとパープルは、男性が得か女性が得かについてのディベートを行った。資料を集め、プレゼンテーションとしてまとめ、当日の相手チームの反論も予想しながら作戦を練っていくのである。

私の担当した展示・体験部門だが、まず部門合同でイベント会社から外部指導者を招き、「展示のプロに学ぶ」講義を実施。自分たちのエリアをどのようにするかイメージトレーニングをする。イエロークラスターは学びのひろばに日頃からパズルが展示されているので、それを発展させて、迷路で埋め尽くそうということになる。インターネットから探し出したものを参考に、2種類作成することになった。パネルや段ボールを駆使してエリア全体が迷路となり、「黄色の国のアリス」の完成だ。当日も入場待ちの列ができたほどの盛況ぶりであった。また、教科の学習物として、3年生の夏季休業中の課題であった「数学新聞*」が、優秀な作品のみならず全員分が掲示され、数学色が強く出された。特に教師が

盛り上がる体育祭の色別対抗リレー。応援にも力が入る。

アリーナで行われたディベート大会。会場を巻き込んで論戦が続く。

イエロークラスターの迷路は2種類。楽しみながら作ることがそのまま学びとなっている。

＊数学新聞＝個人でテーマを設定して調べたりまとめたりした、四つ切りサイズの新聞。至民中学校では恒例となっている。

第5章 5つの小さな学校　149

強く意識したわけではないが、教科エリアを使った「展示・体験」コーナーは教科色が出ているのもおもしろい。社会のブルーは「水と環境」、理科のグリーンは「グリーンからエコライフ」、英語のパープルは「ホーンテッドハウス」といった具合である。

　単に学校祭という学校行事をこなしたのではなく、たどり着くまでの過程で、仲間や外部の方とのコミュニケーションを大切にしながら、課題発見、追究、表現、体験、振り返りといった活動を展開できた。秋からは「キャリアデザインプロジェクト」と銘打った、1、2年合同の職場体験学習を核にした、本格的な生き方教育に取り組んでいる。

始めて3年目になる数学新聞は全員の分を掲示。中には興味をひくものも……。

グリーンクラスターのエコライフ展示の一部で自転車発電に挑戦

【Column】
異学年型教科センター方式では不登校が減る？

　中学生の頃の友人関係は、極めてナイーブであるがゆえに、その行動は過激になるものである。登校が辛くなる中学生の中には、学級内の人間関係のもつれが原因である生徒がいる。この生徒にとって教室は最悪の居場所である。教室は学びの場であると同時に生活の場でもあるから、四六時中こじれた関係の中に身体を曝さなければならなくなる。特に辛くなるのは、教師のいない休み時間である。私の空間や時間が極端に少なく、そのほとんどが公である学校生活では、限られた私の時間に爆発的に私が表現される。関係の拗れた生徒にとっては、最悪の時間である。そのため人間関係のもつれがそのまま不登校と結びついてしまう。

　その点、異学年教科センター方式は学級内の人間関係がもつれても、それがそのまま不登校と結びつかない。学習の場と生活の場が分離しており、それぞれが居場所をつくることができ、しかも移動があるために、居場所が異なっていても違和感がないからである。相談相手となる教師が、職員室にいるのではなく日常を共にする空間にいることも心強い。また、生徒の人間関係は学級内だけにとどまらない。日常的にクラスターの活動があり、学年の異なる生徒との交流が行われている。いくつもの異なる次元の人間関係があるから、そのひとつがうまく機能しないときでも、他の関係がそれを支えてくれ、かつ学習活動に参加できる。これが教科センターの強みである。

（松木健一）

第6章

地域と協働する
学校づくり

1	敷居を低くしたい

「校長、中学校は敷居が高こうてあかんわ……」

初めて校長として赴任した学校、自治会連合会長さんの強烈な一撃、ズシンと脳天を突き抜けるような衝撃が走った。

そして、間髪を入れず「子どもに挨拶をせいって言っていながら、うららが挨拶しても知らん顔して通り過ぎてまう先生がいるぞ……」「子どもらの自転車の乗り方、なってえんぞ……。歩くのも道一杯やし……何教しぇてるんや……」と、強烈なボディブローを繰り出してきた。

「敷居が高い」。この発言は、中学校へ行きにくいというだけでなく、地域と距離ができてしまって、よそよそしくなってしまっているということを指しているのであろう。そして、生徒や教員、学校に対する非難の言葉は地域との交流やかかわりの少なさゆえのものであろう。

このような学校と地域の関係では不幸であって、地域と学校が互いに協力し、互いの文化のレベルを高め合える互恵的な関係を構築していかなければならないと痛感した。

・地域に「見える」活動

まずは、地域の方々が学校へ足を運ぶ機会をつくり、生徒・教員・学校が何をしているのか、活動そのものを見てもらおう。さらに、生徒が地域で活動する機会を増やし、地域で活動する姿を地域の方々に見えるようにしよう……これらが、「敷居を低く」する作戦であった。この作戦遂行を通して、地域との協働のありようを探ることにした。

・地域との協働でめざしたこと

子どもたちには地域の住民としての役割と自覚を促し、至民中のある「ふる里社南(やしろみなみ)」を愛する人になってほしい。地域では、地域で子どもを育てる気運が高まり、

新校舎から見渡せる校区。学校は地域文化の拠点だ。

地域の教育力の向上にまでつながってほしい。

　今、地域社会に最も求められていることは、地域のルール・マナー、地域の学力、地域の規範意識、地域の基本的生活習慣、地域の挨拶、地域の正義感、地域の思いやり、地域の人権感覚、地域の教育力等々、地域の文化のレベルを高めていくことである。地域の文化は地域の宝である子どもたちを育てる地域の力でもある。学校を、子どもたちを見てもらうことを通して、地域の文化のレベルを確認しながら、その高まりにつなげてほしいのである。

　「敷居が高い」から始まった地域とのかかわりは、地域の方々や教師との雑談の中から生まれた思いつきやアイディアを活かして始まった取り組みである。この雑談というのはいろんなアイディアやひらめきが生まれてくるものであって、なかなか重宝している。そして、雑談なので、まずいなと思ったときはすぐにやめることができるといった点でも大変便利でもある。

・「みんなで行こさ 至民中へ！」

　これまでの家庭・地域とのかかわり方では敷居を低くできない。「保護者だけでなく地域の方々にも学校に関心を持ってもらい、足を向けてもらう」には……、「地域に見える活動」とは……という視点で具体策を模索した。

　ここで生まれたのが「みんなで行こさ 至民中へ！」である。地域の方々に学校へ来ていただき、子どもたちの活動を直接見てもらう機会を増やすための学校公開日

> **【Column】**
> ## インナーフォーカス
>
> 　今年の冬は、例年に比べて気温が1℃ぐらい高いらしいが、冬らしくない。いずれにしても「らしくない」のは困りものだ。かじかんだ手をそっと暖炉で暖めながらなんて書ける雰囲気ではない。こんならしくない自然環境をつくり出したのも全て我々人間だという事に気がつけば、ぼやいているばかりではいられないだろう。
> 　私は趣味で永年ビデオによる記録を続けているが、その作品からも自然環境を含む世の中の変化がうかがえ驚かされる。中でも、至民中学校の移転開校は地域の歴史に残る大きな出来事となるだろう。
> 　学校と地域の密接な関係は、地域の発展上欠かすことのできないものであるが、戦後の一時期、地域内での学校教育の孤立現象があったとも言われているが、私のアーカイブには見当たらない。
> 　さて、ときどきビデオ撮影のため至民中学校を訪問して気づくことだが、ボランティアガイドの腕章を着けた人たちをはじめ、生徒に混じって一般人とおぼしき人々の数が多数目につく。しみんホールの構造も手伝ってか一般のイベント会場を想像させる雰囲気だ。これって地域住民にそれほど愛されているってことかな……。
> 　私は、校長先生が常々口にされている言葉の中の「地域が育む至民中」のフレーズを思い出しながらカメラを回し続ける。ビューファインダーには、生徒達も個性を持ったひとりの人間として写し出される。その動き、表情、感情を読み取り、切り取るのが私の役目なのだ。
> 　生徒はインナーフォーカスである。インナーフォーカスとは、カメラレンズの構造上の呼び名だが、前玉(最も前方のレンズ)はゆるぎもない学園生活に固定されているが、自分自身の中ではしっかりと目的にフォーカスしているのである。
> 　地域と学校の密接な関係は、生徒の一般社会への順応性としっかりとした個性と資質を育むために大切なことだと気づかされた一年間だった。
> （社南教育メディア連絡協議会／塚谷英一郎）

の創設である。年度始めに「みんなで行こさ 至民中へ！」の趣旨と年間行事予定を記載したリーフレットを作成した。さらに、毎月末、次の月の予定を回覧板で再度お知らせをするのである。

　本校では、平成20年の新至民中学校の開校に向け、『挑戦！ 新至民中教育』のスローガンのもと新たな取組を進めています。そのひとつとして、地域との協働をめざし、積極的に地域との交流を図っていきたいと考えています。今年度は、あらゆる機会を通して地域のみなさんに学校へ足を運んでいただき、生徒の活動を直接見てもらいたいと思っています。

　年間行事予定の中の太字の日を「みんなで行こさ 至

民中へ！」の日とします。是非、学校においでください。
　　　　　　　　　　　　　　　　［リーフレットの趣旨説明］

　なお、至民中学校は、「授業づくりを中心とした新たな中学校づくり」に取り組んでいることから、公開研究会や指導主事訪問日の授業も地域に公開している。その「授業」を中学校づくりの中核とした学校改革の実際を見てもらうことは学校の核心部分を見てもらうことであり、理解と協力を深める上で最も大切にしてきた。

・地域行事への参加とボランティア活動の推進
　子どもたちの活動が地域に見えるようにするために、地域行事への参加や地域でのボランティア活動にも力を入れてきた。これまで生徒は、週末に部活動があるという理由から、地域の行事にあまり参加してこなかった。しかし、「日曜日は原則として部活動をしない」という福井県中学校体育連盟申し合わせ事項のおかげで参加しやすくなった。
　地域へ出て行くには、まず地域を知らなければならない。地域といえば公民館。公民館長さんを訪ねることから始まった。公民館事業への参加、地区を挙げての行事へのボランティア活動は、公民館長さんの賛同を得ることができた。
　地域の一員として参加し、地域の人たちと会話が生まれ、顔見知りになる。安全・安心な街づくりにつながっていく。また、子どもたちが参加することで地域に活力が生まれてくるのである。

〈地域行事への参加〉
・春・夏・冬の福井を美しくする運動
・三世代クリーン作戦
・江端川フラワーロード推進事業

〈ボランティア活動〉
・区民体育大会 準備・後始末・補助員
・社南地区納涼祭 準備

中学生の参加人数が増えてきた地域の行事。中学生の体力は地域にとっても貴重なものだ。

・生徒を、先生を、学校を語る
　これは校長にとって最も重要な役割である。地域の会合・行事等には積極的に参加し、「今学校では、今生徒は、今先生方は……」といった視点で大いに語ることにした。話せばわかる、直接会って話す、そうして顔見知りを増やすことが理解を深め、協力や応援となって、学校の支えとなって返ってくる。
　そういった意味で、地域との協働は校長のトップセー

ルスであると考えている。「トップセールスで始まり、トップセールスで終わる」。このことが地域も学校も変わることにつながるものと信じている。

・情報の発信
　学校の現状や子どもたちの様子はどうなのか、情報の発信も重要である。学校だより「しみん」、学年だより、生徒指導だより「ハツラツ」などを定期的に配布している。学校だより「しみん」は、回覧板で全戸に見てもらっている。教育活動、クラスター活動、学校行事、学年行事、研究内容、生徒指導、部活動などの様子や成果、そして、保護者の要望や意見などが載せられている。情報の提供と共に保護者・地域の方々の反応（意見、要望、アドバイス）をつかむ機会としても生かしている。
　学校だよりなどの回覧には自治会の協力が不可欠である。自治会連合会長さん、公民館長さんへの事前説明と了解を得た後、自治会長会に出席して全自治会長さんの了解を得るという手順を踏んだ。

・地域との連携は顔を売ること
　地域との連携は、地域の代表者の方々の理解と協力が不可欠である。特に、公民館長、自治会連合会長との連携は最も大切にしなければならない。ことを始めたり仕掛けたりする前には、趣旨説明を行い、協力を約束してもらっておくことが必要である。そのためには、公民館に足繁く通い、話す機会を沢山持つことである。また、自治会長会にもことあるごとに出席し、学校の現状をお知らせしたり協力依頼を怠らないようにしたりしてきた。地域の行事や会議等への出席を求められたときは、学校を宣伝する絶好の機会であり、地域の各種団体の方と顔見知りになる願ってもない機会であると捉えている。校長の顔を覚えてもらうことが「敷居を低く」する始めの一歩かもしれない。
　私にとって最も恵まれていたことは、社南の公民館長さんが、自分がかつて福井市教育委員会に出向していたときの上司、竹内寛氏であったことである。公民館へ行

きやすい、気兼ねせずに話ができる、地域のことを教えてもらえる……など好都合であった。このことが地域との連携を進める上で大変ありがたかった。人のつながりに感謝である。

2　移転開校前夜

　2006年の取り組みをさらに充実・発展させながら、2008年の開校を視野に入れた新たな挑戦が始まった。地域との協働・交流の中でも中心的な活動を取り上げよう。

・情報発信の充実
　新至民中学校の移転開校を1年後に控えた春、異学年型教科センター方式の試行も含めた取り組みが始まった。手始めに、至民中学校がめざす教育方針と具体的な取り組み内容を表したリーフレットを全保護者に配布した。地域には回覧板で周知を図った。次に、企画開発委員会だより「学び舎」の発行。どのような授業が行われているのか、どのような力を培うことを目標としているかを、広く地域・保護者に知ってもらうための便りである。3つめに、「親子で学ぶ70分授業」の実施。学校教育の命である授業が、どのように実践されているのかを保護者に知ってもらうために実施した。2006年から導入した「70分授業」の価値を保護者の方々に周知・理解してもらうための実践でもあった。4つめに、「ホームページ」の内容の更新、情報のリアルタイムでの発信などに努め、学校がさらによく見えるようにしていった。

・学校説明会の開催
　「保護者や地域の人たちは、新しい学校に対して関心が高い。新しいことに取り組もうとしていることをもっと詳しく知りたいとか、こんなことが不安だとか思って

保護者に配布したリーフレット。至民中が何をめざして、どんな教育活動をしているのか、地域全体に紹介。

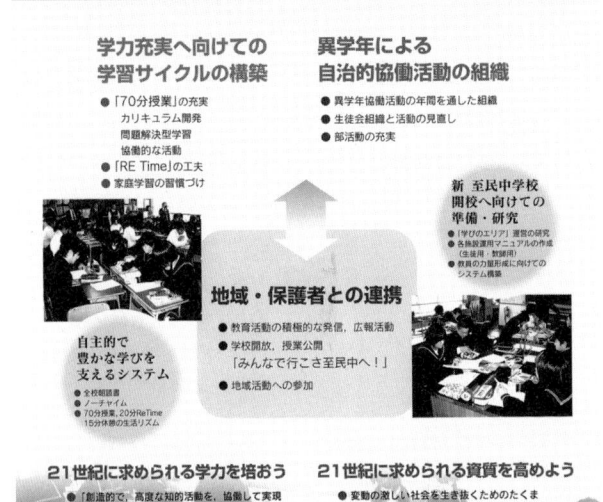

いる人が多いと思う。地域に説明する機会を持つべきだと思う」。これは、2007年の自治会連合会長、山田健治氏からのアドバイスである。保護者には説明をしてきたが、地域の方々の前で語ったことがなかった。至民中学校は地域の学校である。地域の学校を地域の方々が知らないのでは地域の学校とは言えない。さっそく「学校説明会」の計画を立て、3回に分けて公民館で実施した。心配されていることを聞き、アドバイスなどをいただき、学校にとっても地域にとっても有意義な会議となった。

社南公民館で行われた第3回学校説明会。質疑応答の中で新しい学校像が明らかになってくる。

・人情味のある人に

　2008年開校の新至民中学校は、「葉っぱのひろば」という地域交流エリアを持った学校になる。この「葉っぱ

のひろば」の運営は新至民中学校に与えられた使命のひとつである。この「葉っぱのひろば」を地域文化をキーワードとして運営できないかと考えた。"地域文化の発信・交流・発掘"をコンセプトとした運営である。

　授業が大切と言いながらも受験と部活動を学校教育の中心に据えてしまっている中学校。点数と順番、○か×か、勝ったか負けたか、強い弱いなどといった両極の評価。乱暴な言葉が飛び交う、弱い者いじめ、人の目や人がどう思っているかが全てで、人とつながることができない子どもたち。心は渇き、気持ちにゆとりがない。希薄な人間関係、いつもいっぱいいっぱいで生きている。こんな中学生に潤いを呼び戻し、豊かな感性と思いやりを育み、笑顔が似合う、他人に優しい人間になってほしいのである。人情味のある人になってほしいのである。

・**そのために、学校でできることは**

　芸術文化にふれる機会や場の設定に着目した。「日常生活の中に芸術文化がちりばめられている学校」にしていこうというわけである。そして、その芸術文化はとことん「地域」にこだわることにした。地域の方々、至民中学校の同窓生にこだわることにした。

　なぜ「地域へこだわり」続けるのか。それは、子どもも大人も地域との馴染みが薄くなってきているからである。世の中全体が「せわしなく」、「夜型社会」、「バーチャルな世界」がはびこり、近所づきあいも希薄になってきている。しかし、子どもたちにとって、自分が生まれ育ったふる里は最も身近な存在であり親近感があるはずである。また、自分の住む土地への愛着、誇りをも持っているはずである。そんなふる里の芸術文化であれば親しみやすいであろうとの思いから地域にこだわることにした。

　地域の人たちにとっても地域の素晴らしい芸術文化とふれあう絶好の機会となった。そして、芸術文化にふれるだけでなく感動を共有する場となった。作品を前にして人とのふれあいが生まれ、人とのつながりが生まれる。子どもを語り、学校を語り、町内のことを語り、コミュ

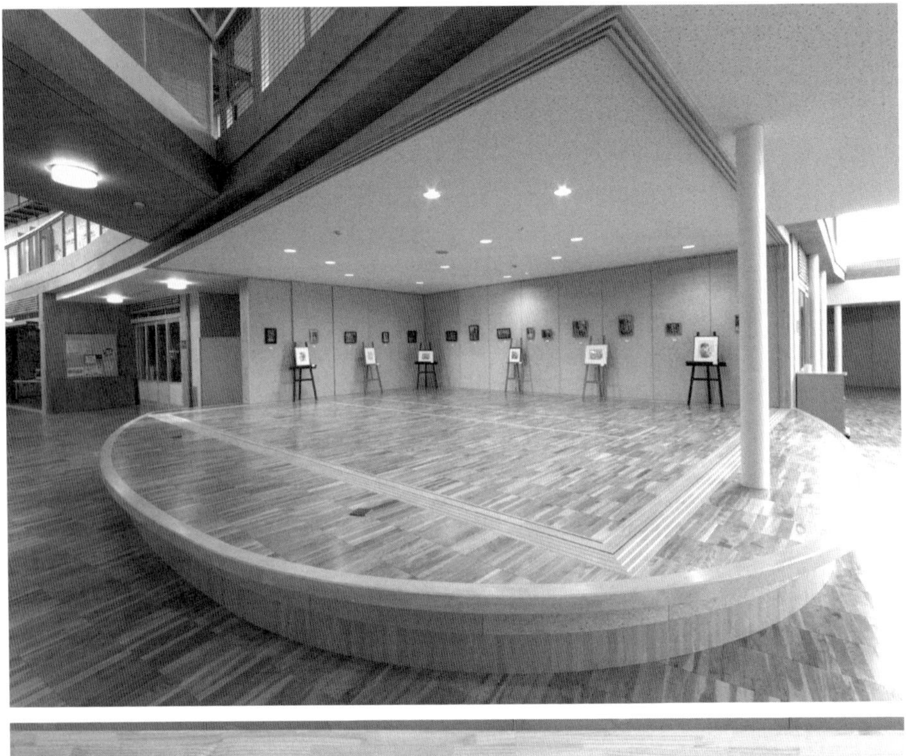

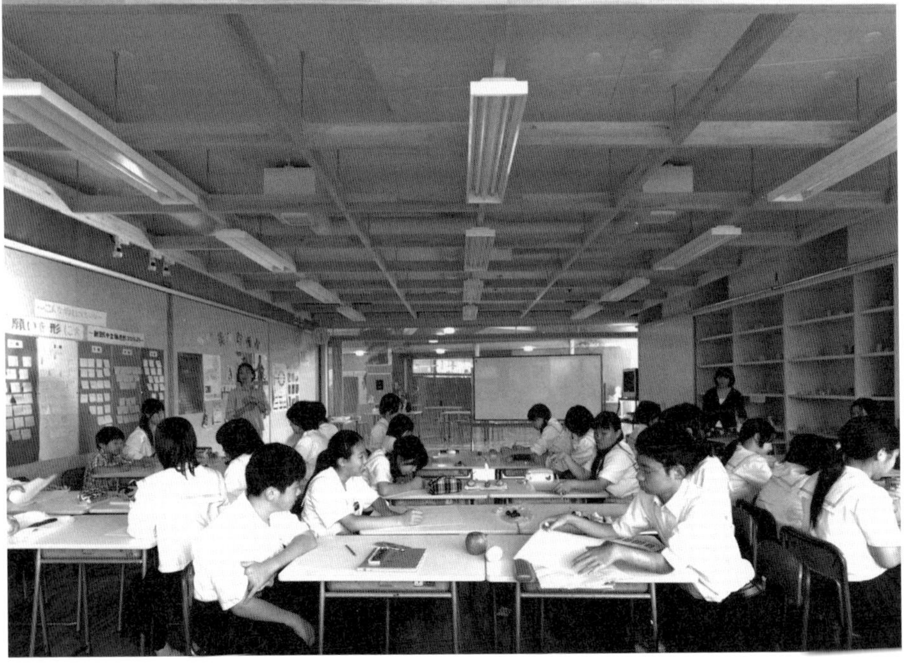

(左ページ上)地元出身であり、パリで活躍する画家・五百﨑さんの作品展が「しみんステージ」で開催された。高貴な文化の薫りが漂う。
(左ページ下)開催期間に五百﨑さんによる絵画教室が行われた。美術部から地元小学生まで参加。

ニケーションが生まれる。そして、ふる里の人のつながりが広がり、ふる里意識が高まり、ふる里を誇り、ふる里を愛し、ふる里の絆を深め、人のぬくもりにあふれたふる里になる。人に優しい街、思いやりでいっぱいの街になっていってほしいと願っている。その結果として、地域の文化の向上につながっていってほしいのである。

　ふる里社南に誇りと愛着を持つ子どもたちを育てたい。これからの人生で様々な困難に遭遇したとき、力をもらえるふる里を持ってほしい。長い人生の中で節目、節目に想いを馳せることができるふる里を持ってほしい。いつでもどこでも、ふる里社南の素晴らしさを語ることができるようになってほしい。「葉っぱのひろば」をひとつの発信源として、ふる里文化の高揚に寄与していきたい。これがふる里にこだわる大きな要因のひとつである。

・「ギャラリーしみん」の開設
　地域の芸術文化をどのようにして発掘したらいいのか……。まずは公民館長さんに相談に乗ってもらうことにした。すると、「公民館で活動している自主グループの発表の機会が限られている。もっと発表する機会を持ちたいという思いがあるようだ」という。社南公民館では、28グループが活動をしている。その中から、3つのグループに声をかけた。最初は尻込みしていたが、3グループ合同での作品展ということで了解を得ることができた。2007年7月、初めての「ギャラリーしみん」が実現した。2回目は10月に「写真」と「生け花」のグループ展、3回目は12月に本校卒業生である五百﨑智子さんの作品展と年間3回開催することができた。五百﨑さんの作品展は2回目のグループ展のお陰で実現した。生け花を出品された方が「実はうちの娘、パリで絵を描いているんですけど……」から始まった作品展である。その方が五百﨑さんのお母さんだった。人のつながりはこんな奇跡を生み出すほどに素晴らしいことであることを改めて思い知らされた。
　第2回のグループ展からは、総合的な学習の時間のゲ

「ギャラリーしみん」には地域の方も多数訪れる。「至民」ロゴのシャツは、イベントのときの職員のユニフォームだ。

第6章　地域と協働する学校づくり

ストティーチャーが生まれた。写真を出品した3人のみなさんが講師となって写真についてのお話や子どもたちの撮った写真の講評などをしていただいた。地域の方々と子どもたちが写真を通して交流ができたことは、「ギャラリーしみん」開設の目的のひとつ、「交流」の実現であった。

　また、第3回の五百﨑智子作品展では、ひとりの生徒が五百﨑さんの画家という職業に興味を示した。キャリア教育の一環として職業調べに取り組んでいたので、質問の手紙を出し学習に役立てていた。このような広がりは、「ギャラリーしみん」から生まれた貴重な財産である。こういった交流や学習がもっと深まり広がっていくことを願ってやまない。

　さらに2008年には、「絵手紙」「ちぎり絵」「パッチワーク」「五百﨑智子作品展」に、「至民アカデミー俱楽部」の作品展が加わり、「ギャラリーしみん」は地域文化の発信・交流・発掘の場としてさらなる進化を見た。

美術の時間に展示されている「ちぎり絵」の感想文を書く。「これって本当にちぎり絵……?」見る目も真剣だ。

・学校のいたる所に作品を

　2008年2月、第1回グループ展の代表者が集まって会議を開催した。平成20年度に向けての会議である。各グループ共に、2008年は単独で作品展をしたいという意向であった。願ってもないことで、期待していた通りの展開になった。

　一方、「ギャラリーしみん」のいっそうの充実という観点から、地域の文化の発掘もしていかなければとの思いを強く持った。そんな折、第2回のグループ展に参画していただいた飛山哲増氏と話す機会があり、「ギャラリーしみん」の開設の趣旨や「ギャラリーしみん」にかける思いなどを話し、協力を依頼することにした。飛山氏は、地域の芸術文化にこだわった取り組みを評価していたので一肌脱ぐということになり、こうして「至民アカデミー俱楽部」の基礎ができあがった。2008年の学校祭を舞台に地域の芸術文化を発信できることになった。

　さらに、「葉っぱのひろば」では、日常的に芸術作品

を鑑賞できるようにしたい。地域の芸術文化を常設しようというわけである。

新至民中学校の移転開校を記念して作られたDVDの中に、地域で活躍しているその道の達人が紹介されていた。さっそくお住まいを訪問、趣旨を説明し、協力をお願いした。開校時には書が、写真が、絵が「葉っぱのひろば」に飾られることになった。

今後は地域の芸術作品が学校のいたる所で見られる学校になってほしいものである。

3	ミッション2008——地域を誇れるものに

異学年型教科センター方式の学校がベールを脱いだ。

リーフレット「平成20年 福井市至民中学校」の全戸配布。至民がめざす教育活動の全容を明らかにした。

そして、地域の信用度をより高めるため、地域とのかかわりをいっそう深めることとした。

・「地域公開講座」の開設

これまで、地域説明会や生徒の感想・アンケート、親子で学ぶ70分授業などを通して理解に努めてきたが、まだまだ充分とはいえなかった。そこで、移転開校を機会に、年2回、地域の方々と生徒が一緒に学ぶ「地域公開講座」を開設した。前年度の「親子で学ぶ70分授業」の改訂版である。

授業を実際に体験して理解を深めてもらおうと、2008年6月、第1回地域公開講座を開催した。200名を越える方々が参加。「これからもこのような授業を進めてほしい」「70分授業が短く感じました」「楽しく授業が受けられました」など好評を得た。第2回目は2009年3月とし、これを機に毎年2回開催することをノルマとした。

数学の地域公開講座は「電卓名人への道」。親も子も時間を忘れて打ち込む。

生徒も保護者も地域の方もみんなで合唱練習。心がひとつになる。

・至民中学校サポーター「笑顔チーム」の結成

　①子どもたちの豊かな心、規範意識、基本的な生活習慣などの育成に資する、②地域で子どもを育てる気運を高めるとともに積極的に子どもとかかわる風土を育てる、③子どもたちの安全を守るとともに安心して暮らせるふる里作りに寄与することを目的に、サポーターが結成された。

　さしあたっての活動内容は、あいさつ運動である。毎月5日は下校時、20日は登校時に、各町内の通学路（自宅前でも可）で「おはよう」「お帰り」などの声かけをする取り組みである。

　まずは、趣旨に賛同した保護者でチームが結成された。2008年は約50名であるが、今後は保護者の方々に、この活動の趣旨が広がり、全保護者でチームが結成されるまでに発展することを願っている。将来的には、挨拶にとどまらず、交通マナーやルールの指導、町内巡視、地域環境の改善などにまで活動が広がることを期待している。そして、地域の方々に「PTAはいいことしてるで、うららも手伝うざ……」と言われるような活動になってほしいと願っている。

＊「私たち」の福井弁。

　今、家庭の教育力が問われているが、この笑顔チームのメンバーの増加と活動日の増加に比例して教育力は高まるものと確信している。朝夕それぞれ10分間程の時間ではあるが、自分たちの子どものために共に活動する。挨拶を交わし、世間話をし、町内の保護者が手を携えて地域の子どもたちを見送り、出迎える。保護者は子どもが見えるようになり、子どもも親が見えるようになる。見えると安心するのである。

・「至民中学校ボランティアガイド」誕生

　「学校の案内は地域の方々で」「地域の学校は地域が責任を持って」「地域の宝である学校を地域の方々が語る」こんな思いを、出席する地域の会合のたびに語り、ボランティアを募ってきた。教職員は異動で変わってしまうが地域の方々は変わらない。移転開校当時の感動は、そのときを知る者に語り継いでもらいたいのである。

最初に手を挙げたのは同窓会と社南教育メディアのメンバーの方々であった。
　2008年5月、記念すべき第1回ボランティアガイド研修会が開かれた。同時進行で、社南教育メディアのメンバーによる学校視察用DVD作成のための撮影が行われた。講師は、本校の設計者から基本的な考え方、建築上の特徴などのレクチャーを受けた。
　毎週金曜日、13時～15時、「しみんステーション」で日程調整も含めた研修会を行っている。今では、総合的な学習の時間の参観、集会での生徒への語りかけなど、子どもたちとの交流にまで発展してきている。現在は11名が活動中である。
　開校から10ヵ月で40団体、1,400名超の視察者に対するガイドを行ってきた。2009年1月には、福井ケーブルテレビの取材を受け、「エリアニュース」で放映されるなど、注目を集めている。

元大工のボランティアガイドの方が技術の授業でのこぎり引きを指導する。オープンな授業ならではの一コマ。

・新たな交流が生まれた

　2008年には特筆すべきことが3つあった。ひとつは、パッチワークのグループのみなさんの指導で全校生徒と全教員が針を持ち、パッチワークの体験が実現したことである（6月）。地域の方々と子どもたちとの交流である。この生徒・教職員によって縫われた小さな布は、クラブのみなさんの手によって1枚の大きなタペストリーとなって、私たちの目の前に現れた。至民中学校に新たな文化が生まれたのである。
　ふたつめは、「五百﨑智子作品展」の期間中に3回、五百﨑さんによる絵画教室（絵画の指導）が開催されたことである。子どもだけでなく、地域の方々の参加もあり、教室を通しての交流が実現した。また、「五百﨑先輩の生き方に学ぶ」と題しての講演も実現した。先輩が画家として歩んだ道や生き方を聞き、自己の生き方を考える機会とすることを目的に行った。五百﨑氏の「人生は思い通りに行かないのが当たり前。当たり前と思っていると落ち込まない」というメッセージが今も強く印象に残っている。

第6章　地域と協働する学校づくり

3つめは「地域文化の発信・交流・発掘」をさらに進化させた「至民アカデミー倶楽部作品展」の開催である。彫刻、油絵、書、写真、フラワーデザイン、生け花、古民具など、地域の芸術が「葉っぱのひろば」いっぱいに展示された。400名を超える地域の方々が来校、作品展を楽しみながらの世間話、古い秤を使って測る体験、子どもたちと会話など素敵なときの流れを体感できる機会となった。地域の方々も、子どもたちも、心が温まる優しい時間を共有したのである。人と芸術との出会いに喜びを感じた。

【Column】
心のよりどころであり、宝物

　「中学校がこのような建物とは……」と視察にお見えになった方から幾度となく耳にしている。皆様の印象はまさにその通りと思う。「明るさ・温かさ・静かで自然いっぱいの落ち着き」のイメージが飛び込む。校舎は2階建て、建築面積5,300㎡。葉っぱ棟が3分の1を占め、教科センターと校務センターが3分の2である。全てアールを描き、これまでの校舎と比べて全く異なる。直線の建物は2,700㎡のアリーナのみ。加えて各教室は、ガラス戸はあっても常にオープン状態。これで授業である。かたや、平地から校舎を望んだとき、「これが学校の建物か?」と初めての方は見間違うと聞く。ことほどさように既成概念とは強いもの。

　さて、今日までの私どもは校舎の造りや各エリアのガイドにとどまっている。異学年型教科センター方式のあり方と、これに伴う教員の切磋琢磨する様子については、校長及び教頭が本文でも説明している通りである。思うに、本校のガイドの存続は中期的なものと見ている。しからば、先生方には教育の本務を遂行願い、私どもガイドが教育の実践内容をも包括的に案内をしなければならないと考える。

　地域の学校、我が至民。

　学習指導要領を先取りした「子どもが学びたい、保護者が通わせたい、教師が勤めたい学校」、これが所在地・南江守町に住んでいる私の心のよりどころであり、宝物である。　　　（ボランティアガイド代表／山﨑利信）

【Column】
ボランティアガイドに参加して

　新至民中学校、校舎に入ると2階まで吹き抜けの「しみんホール」から「葉っぱのエリア」が、私には一番のお気に入りの空間である。ここでは今までの校舎では見られない、にぎやかではつらつとした清新な学校風景が見られる。新至民中方式とも言える「地域連携」の場がここにある。視察の案内でも、この空間を誇らしげに丁寧に説明させていただいている。

　「学校が発信する」この意味は子どもの教

・わが至民の誇り

　かつての集落には代々受け継がれてきた歌があった。民謡であり音頭であり、盆踊り、歌などである。そして、代々受け継がれてきた踊りがあった。夏祭りなどの花形であった。徳島の阿波踊り、富山の風の盆など地域に伝わる文化である。今は、地域にふる里の匂いがない。

　どのように時代が変わっても人々の心に脈々と受け継がれていくもの、それはふる里の文化であり自然であり人である。学校にも、心のよりどころとなるもの、母校至民中学校と言ったら「これや」と誇れるもの、母校至

育は学校任せだけではダメですよ、という学校からの「挑戦」と私は受け止めたい。

　今回お誘いを受け、このような意義を感じ、視察に来られる皆様への案内ボランティアを手始めに、私なりの「地域連携」を学校からの要請を受け行動させていただいている。

　住民のひとりとして学校を遠くから視て、批判だけで終わるのではなく、子どもの教育への学校からの呼びかけを地域への「警鐘乱打」と受け止め、真摯な姿勢でこれらの活動に参加し自らの成長の糧にしていきたい。　　　　（ボランティアガイド／中谷勝治）

【Column】
ボランティアガイドに参加して

　2006年、新しい中学校へ移転開校に向けて同窓生、PTA、OBなどで「新至民中学校開校委員会」を立ち上げました。足かけ3年、何十年振りかで母校とかかわることとなりました。

　初めて見る新校舎の、想像をはるかに越えた空間構成に圧倒されながら、同窓生のひとりとして、「学校案内」という小さなお手伝いをしながら母校とのかかわりを続けています。見学に来られた方々に至民中学校の素晴らしさを知っていただくためというより、「こんにちは」の元気に会いに来ているようです。

　私、この学校が好きなんです。ボランティアを始めて半年が過ぎました。新1年生の校内案内をしたときは私も新米。

生徒「ここ、初めて来た」とか「他のクラスターのロッカー見に行きたいんだけど…」私「どこなの？　行くよ！」と人気のクラスターまで案内してもらいました。春には、新1年生を案内するのが楽しみです。

　私も少し慣れました。案内ボランティアで覚えた校内の名称の一部です。異学年型教科センター方式、クラスター、ステーション、ホーム、アリーナ、ラボ、メディアセンター、小さな学校、張弦スラブ、土壌蓄熱式暖房、足羽杉、フィーレンデール梁、檜OSボード、樺サクラ床材、樺パーケットフロア、コンクリート打ち放し、折りたたみ可動ステージ、REタイム、Cタイム……。以上、なんやろ？と思われた方は是非学校まで足をお運び下さい。　　（ボランティアガイド／大久保憲子）

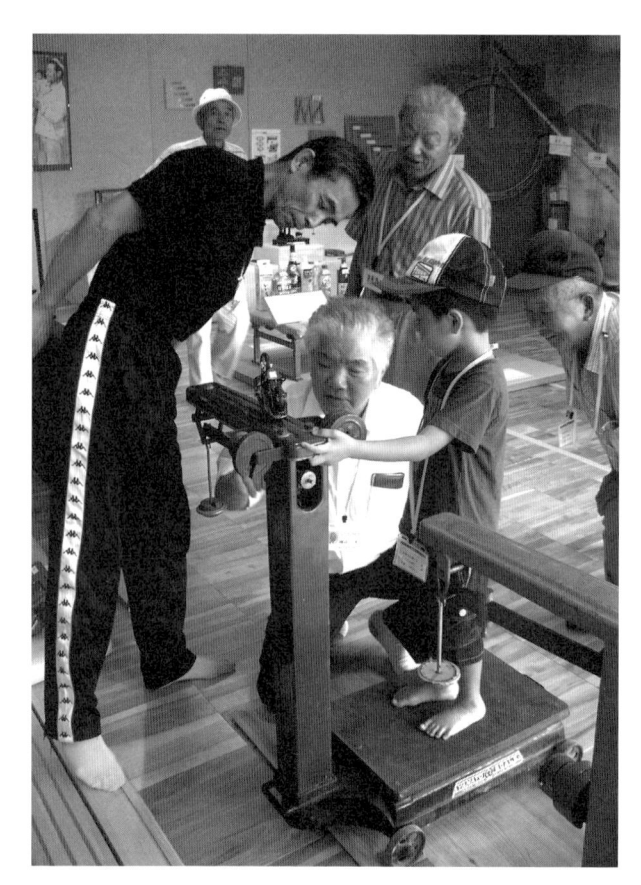

「しみんステージ」で開かれた学校祭での「至民アカデミー倶楽部」による「秤」の展示。世代を超えた交流が生まれる。

民の匂いのするものを築いていかなければならない。

　校舎、至民中ボランティアガイド、至民アカデミー倶楽部は我が至民中学校の宝であり誇りである。そこに、私たちの手で創り上げた「これや」と誇れるものがほしいのである。それは「異学年型クラスター」であり、「教科センター」であり、「地域との連携」ではないだろうか。生徒と教職員が、英知を結集し、力を合わせてこの3つの柱を「誇れるもの」にしていくことが、明日からの至民中学校のミッションである。

第7章

歩み出した至民中学校

1	クラスターと過ごす1日

・落ち着いた雰囲気の中で1日が始まる

　2008年10月、明日で1学期が終わろうとしている1日の風景。移転開校してもう半年が経った。

　教員は登校したらまず校務センターに入る。校務センターは学年毎に机が配置されていて、話題は学年のことが多い。7時45分頃に教務から職員の連絡用紙が印刷して配られると、担任を含むほとんどの教師はその用紙を持って教科エリアへ行く。ちなみに連絡のある職員はそれまでに連絡用紙に記入しておくのである。連絡だけなので全員が集まる必要はない。前年度から本校には職員朝礼はないのである。

　7時55分からは生徒も教師も全校朝読書が開始される。クラスターによっては、クラスター委員が読書を開始するように呼びかける声が聞こえる。やがて学校中が静寂に包まれ、歩くのさえはばかられる。私はベランダへ出る。ガラス戸を大きく開けて秋風を感じながら読書タイム。クラスター主任はエントランスで遅刻者の対応をしている。実は新校舎になって数はめっきり減った。学校中が静まりかえる朝読書の時間が終わると、ホーム毎に挨拶をして朝の会が始まる。他のホームの担任の声が聞こえてくることもあるが、気にならない。

　8時20分から授業への移動が始まる。ほとんどの生徒たちは1時間分の教材を持って移動する。教科教室周辺のひろばやベランダに出ていた生徒も、授業開始の挨拶のときまでには自分の席についていて授業が始まる。授業中はどこかに生徒活動が組み込まれ、隣の授業の様子が伝わってくるが、生徒は気にもとめず、自分たちの授業に集中している。

　授業毎に教員は教科ステーションに戻り、空き時間ならば大抵ステーションで過ごす。数学科はひろばで宿題のノート点検。目の前のオープンな教室で行われている授業の様子も自然に目や耳に入る。ステーションで直前

次の授業への移動もいろんな仲間といろんなルートで。思い思いの時間を使っている。

の授業について話をすることもよくある。

　3限目が終わると給食準備。クラスター毎にホーム横の広場でセルフサービス形式（分けるのは係が行う）による配膳が始まる。普段はホームのテーブルで食べるが、毎週金曜日、イエローは「しみんホール」で食べる。座席自由で開放的な空間でのひとときを愉しみにしている。

・午後はCタイムやいろいろな生徒活動が中心

　昼休みは思い思いの場所で時間を過ごす。数学エリアに質問に来る生徒や、教員に呼ばれて説明を聞いている生徒がいる。私も3年生数名の学習を見ている。一緒に来た他の生徒もエリアにある数学の単元プリントを出してきて解いている。清掃5分前の予鈴が鳴り、移動して

第7章　歩み出した至民中学校　171

クラスター給食。クラスターとしてのつながりを深めると同時に、開放的な空間でのひとときは自然と心もリラックスさせる。

　縦割りでの清掃開始。ひとつの教室は2～3人で担当し、モップ清掃が中心である。私も数学ステーションを清掃する。
　REタイム（第4章4節参照）の後の4限目はCタイムが週2日間あり、クラスター毎に動くことが多い。今は長期にわたる「キャリアデザイン（自分の生き方を考える）プロジェクト」が、3年生と1、2年生の2本立てでエリア全体を使って行われている。3年生は小学生に至民中を伝えるため、これまでの授業や行事、至民中のシステムをまとめた資料づくりをしている。ひろばで模造紙にまとめている生徒、メディア工房でプレゼンテーションを作っている生徒、資料のひとつとして先生方へインタビューに行っている生徒等、活動場所も内容も様々である。私の所へも「SSL（Shimin Study Life）は全部読みましたか?」「イエロークラスターをどう思いますか?」「バドミントン部の良いところはどこだと思いますか?」など、いろいろなクラスターの3年生が質問に来る。1、2年生は職場体験の事前学習で、基本的にはホー

ムで「私の履歴書」を作成している。就職する際の履歴書にならって、これまでの活動や興味、関心のあること、特技や資格などをまとめているのである。教科教室に移動している学級もある。柔らかい秋の日差しが差し込む中、和やかで穏やかな時間が流れている。

　帰りの会もクラスター毎に合同で行う日がある。合唱コンクール前はどこからも歌声が聞こえたし、学校祭前は応援のかけ声が響いていた。イエロークラスターでは、今は「ほっとタイム」と呼ぶ、小グループ（部活動等）毎に自己紹介のような時間をホームの時間の前にほんのわずかだがとっている。場が和むひとときだ。ホーム毎の帰りの会が終われば多くの生徒は荷物を持って部活動へ。6時30分に総下校のチャイムが鳴る頃には、すでに部活動毎に玄関で挨拶を済ませ、生徒たちは家路の途中である。この曲線で囲まれた校舎や70分授業などいろいろな影響が及ぼしたのだろう、生徒たちは間違いなく穏やかになったと感じる。

　下校指導が終わると教員は校務センターへ戻り、事務処理や打ち合わせなどを適宜行う。やっと校務センターに活気が戻り、語り合いながら明日の準備をするのである。

2	「変われない教師」が変わってきた

・これまでの経験を越えて

　至民中の教師は、その時々での自分の居場所と役割の判断を求められる。バランス感覚も必要になる。この校舎で生活を始めて、教師たちも変わってきたと感じる。

　そもそも教師はなかなか自己変革のできない職業だ。採用試験にパスしたら年齢に関係なく一人前に扱われ、教室という閉ざされた空間で自分とはかなり低い年齢の生徒たちだけと生活しているわけで、自分の思い通りになってしまう。「学級王国」という言葉もあるくらいで

ある。特に問題がなかったら前例踏襲をしていくのが常。社会が変わっても、世代が変わっても、学校教育はなかなか変わらないのである。

　ところがここ至民中は閉ざされた空間がない、校舎に整然とした直線がない、学年制もない、当然うまくいきそうな前例もない。むしろ今までの経験知は封印し、新たな前例を創っていくことが求められるのだ。生徒たちが世代を越えて、学校の敷地を越えて、今の瞬間だけでなく将来にわたっての生きる力を培えるような教育をめざす。言い換えるなら、その針さえぶれていなければ何をやってもよく、また実現可能な学校ができ上がっているのだ。

　また、イベントでも変わることはできない。研究の指定を受けたときなどは、そのときだけ力を入れてみても、終われば元の木阿弥となるケースが大変多い。大切なことは恒常的に続く日常の中でどれだけチャレンジできるかであろう。至民中は毎日の生活そのものが実践研究の場となっている。

・進化する教科エリア

　教科エリアもどんどん柔らかくなってきている。試行錯誤して主に教師自身の手で形にしていった各ひろばの掲示や展示物は学校祭の「展示・体験」のために一掃され、学習履歴や授業にかかわりのある教材を中心に、随時更新しながら創り上げている。社会、理科エリアには天井だけでなく、床にも年表や元素記号表が貼られており、3次元的な掲示もなされるようになってきた。

　数学エリアには夏季休業中の課題である「数学新聞（第5章3節参照）」が掲示してあったが、Cタイムで参考にさせてほしいので貸して下さいと生徒に頼まれた。このCタイムは「小学生に中学校の授業を紹介しよう（生徒が作るSSL）」というテーマで行われており、福井市の小学6年生が一斉に入学予定の中学校へ体験入学するのであるが、その日に向けて準備している過程での出来事である。各教科の特色ある授業や中学校での学習の仕方について、小グループに分かれた1、2年生が

活動は机の上だけとは限らない。床に貼られた年表をもとに作業を展開。

来春入学予定の小学生に解説するのである。頼みに来た生徒は「算数と数学の違い」をテーマにしており、その資料として数学新聞を参考にさせてほしいということだ。無意識のうちに掲示物が脳裏に残っていた証拠である。

また、「エコ」をクラスター活動のメインにおいているグリーンクラスターでは、年末、中庭に700本余りのペットボトルで作ったクリスマスツリーができ上がった。一つひとつには生徒の願いが書かれた短冊も入っており、ツリーを点灯させたときはこつこつ集めたペットボトルにまるで命を吹き込んだかのようであった。3年生が受験対策に使用している国語エリアには、受験ムードを盛り上げようと、国語科教師が相談して自由に絵馬を書くコーナーを作った。やがてその絵馬を吊るす場所を作っているうちに「至民神宮」ができ上がった。国語科の教師の願い、生徒たちの願いが形をなしている。「来るたびにエリアの掲示や使い方が違う。次にどうなっているのか楽しみになる」という話を耳にし、嬉しい限りである。今後もどんどん工夫されていくに違いない。

音楽の授業が進んでいくと、「葉っぱのホール」前に掲示してある楽譜に新たな書き込みが増えていく。

・**方向性が徐々に整理される**

授業改革を核として進めてきた学校改革。新校舎に移転してからはクラスター活動などのシミュレーションを遙かに超える新しい日常。この中で、徐々に新至民中学校の方向性が整理されてきた。生涯にわたって学び続ける力や豊かな心を育むため、3つの大きな柱が浮かび上がる。

ひとつめは、学力充実のための教科センター方式の円滑な運営である。探究か習得かといった二極化した捉え方ではなく、家庭学習も含めた学びのサイクルを構築していくことが確かな学力の向上につながる。そのためには教科エリアの運営も含めた斬新なカリキュラム研究が不可欠である。ふたつめは、生活の基盤となる異学年クラスター制の自治活動の推進である。ミニ社会とも言える縦割り集団の中で世代継承サイクルを構築することがそのまま生活を創る力となる。3つめは互恵的な地域連

グリーンクラスターが中庭に作りあげた
ペットボトルのクリスマスツリー。

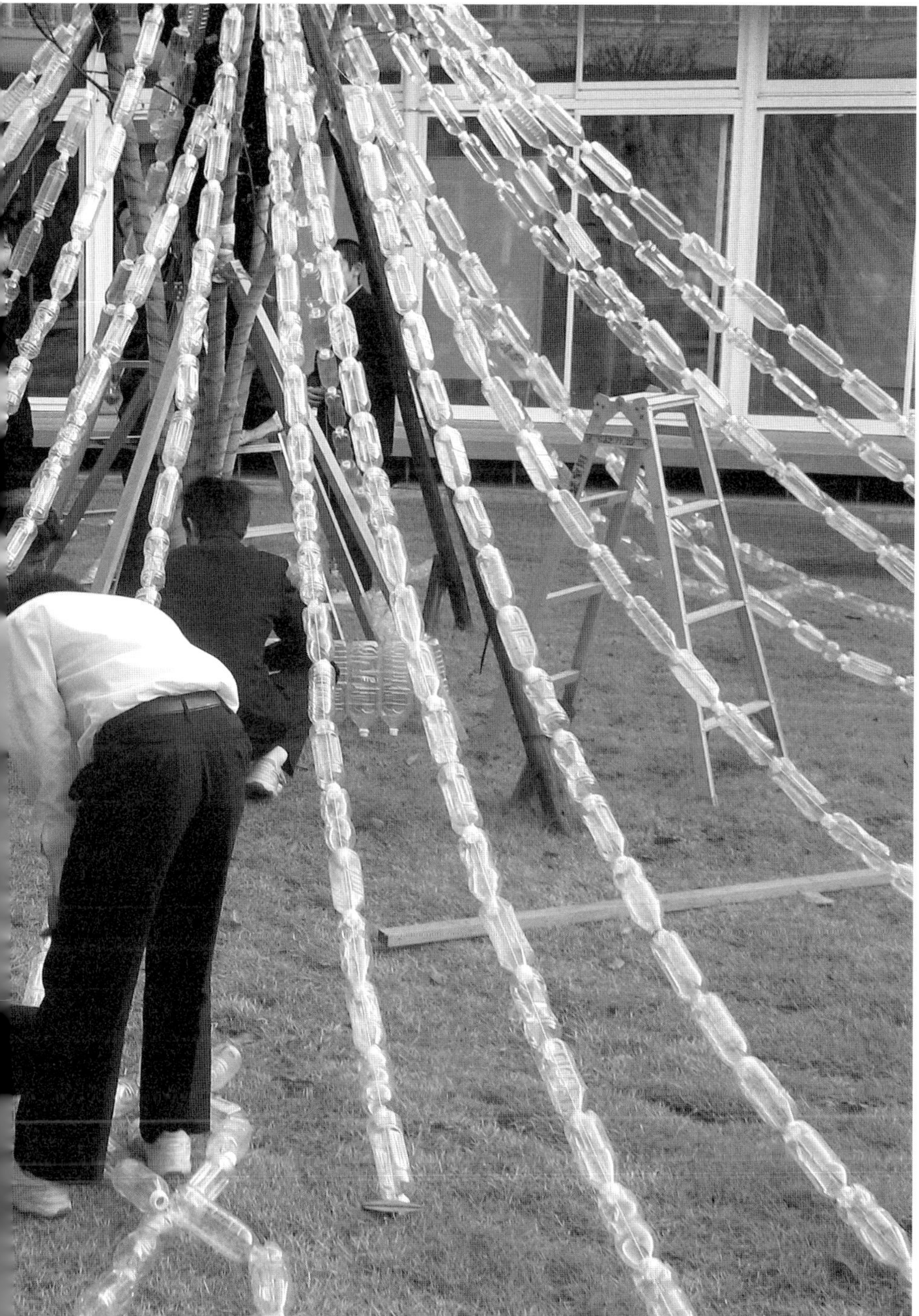

```
生活の基盤となる異学年型クラスター制        学びの継承        学力充実の場となる教科センター方式
・世代継承サイクル（文化継承）                              ・学びのサイクルの構築
・自治組織の運営（4つの小さな学校）                          70分授業での問題解決型学習
・CAP（キャリアデザインプロジェクト）などの                    20分REタイム等での学び方学習
 Cタイム運用                                          ・学びエリアのデザイン・運営

           クラスターでの職場体験        授業改革をベースとした        参観から参加へ
           ギャラリーしみん運営参加      学びと生活の融合         「地域公開講座」

                          社会の一員として生きる互恵的な地域連携
                          ・日常的な学校開放、情報発信
                          「学校案内ボランティア」
                          ・学校は地域の文化拠点（生徒はその重要な担い手）
                          「ギャラリーしみん」「至民アカデミー倶楽部」
```

新至民中学校の理念を実現する3本柱

携のあり方を追究していくことである。単なる行事のときの交流にとどまらず、日常的な相互交流を組織することで、真の意味での地域の拠り所となる。

　また、これら3つの柱の間にもおもしろい可能性がたくさん隠れている。クラスターの中で学習内容や方法の継承が行われるだろうし、異学年合同授業も実現できそうだ。クラスターと地域活動のつながりは、Cタイムやギャラリーしみん運営への参画によって、より強いものになる。さらに、すでに進められているように、地域の方も巻き込んだ授業「地域公開講座」が教科センターで繰り広げられる。

　至民中学校での出来事は、3つの柱の関係の中で今後も次々と可能性が発見されていくであろう。生徒たちにとっては、ほんの些細な生活の一コマが貴重な学びとなり、学びが生活そのものなのである。もちろん教師にとっても同様のことが言えるのだろう。

「ラボ1」と「葉っぱのホール」で行われた技術の公開授業。授業者もどこにいるのかわからない状態に……。

| 3 | 第1回公開研究会 |

・福井市としての公開研究会

　実践研究の過程と現状を広く公開してご意見を伺う、これは我々に与えられた使命でもある。「学びと生活の融合」をテーマに、2008年10月24日の終日開催された。500名を超える県内外からの参観者を集め、今後の至民中学校の方向性を明確に自覚できるような研究会となった。おそらく福井市の公立中学校の研究会でこれだけの人数が集まることは未だかつてなかったであろう。もちろんこの建物では初めてのことで、前例はないのであるから、全体会の会場となるアリーナを含め、学校全体の使い方について何度も協議をした。しかし、それぞれの部署、場所毎に自由にアレンジしたり、当日の様子で臨機応変に対応したりしていこうと共通理解していた。

　午前中は「学校案内ボランティア」による学校公開。実際の授業が行われている校舎を歩きながら、主に施設設備の説明が行われる、我々にとっては通常の時間の流れである。事前申し込みの人数よりかなり多くの方が来校されたが、ボランティアガイドの方々の働きでスムーズに行われた。

午後はいよいよ授業研究会を開くことが前提となった公開授業で、数学、理科、英語、美術、技術の5本が公開された。自分から名乗りを上げてくれた教員もいる。全体会を挟んで、生徒の学びを見取る授業研究会がそれぞれで行われた。進行や記録は福井市中学校教育研究協議会のメンバーによる。本校だけの研究発表ではない、福井市としての公開研究会であることが示されている。

・おもてなしの心

　全体会では、まずこのとき生徒会長であるイエロークラスター長の竹田悟君より、生徒代表の挨拶がなされる。イエロークラスターでよかったという彼の本音が入った、とても素晴らしい挨拶だったと思う。ちなみに本校の生徒会長はクラスター長の月毎の持ち回りとなっている。このような公開研究会で、学校長でなく生徒代表が挨拶するというのは珍しい試みである。これは、生徒、教師、地域、みんなの力でおもてなしをしようという顕れである。至民中学校の建物には「おもてなし」の心が表現できる仕掛けをたくさん盛り込んでいると、設計者の方よりお話を伺っている。格式張らずに、普通の民家に入ったときに感じるような優しさを持っているのだ。生徒たちにもそういう心で来校者に接してもらいたい。そのためには実際にやってみるのが一番だと思う。受付や接待、案内に、生徒たちがたくさん活躍してくれた。また、駐車場や受付は保護者の方に助けていただいた。地域・学校を挙げて、遠方より駆けつけて下さった来校者をできる限りもてなそうとしたのである。

受付に立つ生徒たち。さわやかな挨拶、笑顔、精一杯の誠意で参加者を出迎える。

会場案内も生徒たちが行う。どんな場面も生徒たちにとっては初めての体験だ。

・本音が語られた全体会

　次に私のほうより研究経過の報告をする。至民中の授業、至民中の生活、学びと生活の融合、至民中の教師という項目を立てて、我々がめざす「学び舎」とは何かということを説明した。特に「至民中の授業」については、直前に行われた同僚数学科の公開授業を例に挙げて、この授業の価値は混沌とした中から数学的規則性を協働的に見いだしていることで、それに対して70分授業やオー

プンな造りが効果的に用いられていることを提案した。また、教科エリアと生活エリアが分離されたことによって、初めてそれぞれの様式の違いが明確になり、学びと生活が融合していけることを強調した。この点は建造物と学びの関係という点で、反響が大きかった。

全体会最後は渡辺本爾教育長（当時）、松木健一氏、本校の山下忠五郎校長（当時）による「新至民中で21世紀の中学校教育をデザインする」というテーマでの鼎談である。現在の中学校教育の問題点を明確にし、新至民中はどのように切り込んでいこうとしているのかが熱く語られた。指示や管理に代表される一方通行のコミュニケーションを切り崩し、生徒が学びの中心となるような学校に、という、本書でも一貫して述べられてきたことがらだ。私も聞いていて大きな勇気と希望を得た。

全体会最後の「新至民中での21世紀の中学校教育をデザインする」というテーマでの鼎談。熱心な参観者に支えられて本音での語らいが行われた。

・「本当の教育」を！

教育関係者のみならず建築関係者、地域の方々など幅広い参観者からいろんな意見が寄せられた。グループ編成のあり方、70分授業への対応、個別対応等、課題も多いが、次のような感想が主流を占めていたので紹介したい。

▶ 環境（建物）と教育理念の実現が合致している理想的な学校と考えます。21世紀を担う子どもたちがこの環境の中でどのように育ち大人として自立していくのか楽しみです。福井市の試みを参考にして、自市でも研修のあり方を探っていきたいと思います。

（他県教育センター勤務）

▶ 生徒さんたちが徐々にコミュニケーションを深めながら学びに熱中し、課題を解明していく姿に立ち会うことができ、本当によい体験をさせていただきました。このような学びの姿こそがこれからの生徒さんたちの力になると思いました。それを支える教師の力量、ご努力も相当なものと推察いたします。また、グループごとの展開という理科分科会の持ち方も大変良いと思いました。参観者もまた学び合うコミュニティという感じがしまし

た。午前中のボランティアガイドさんのお話も大変ためになりました。誇りを持たれていることが伝わってきました。「日々、生徒の様子や学校の様子が変化しているのがわかるのです。」というお言葉も素晴らしいなと思いました。　　　　　　　　　　　（福井大学准教授）
▶ 21世紀の新しい学びのスタイルが具体化された素晴らしい学校ですね。是非この環境で子どもたちとかかわり、ともに考えたり悩んだり、指導したりしたいと思いました。これからこのような中学校がたくさん増えることを福井の将来のために祈ります。県立高校にも新しいスタイルの教育の風が吹くことを願います。全体会でも学力のことがしばしば話題に出ましたが、現在の日本の教育システムでは、中・高においてはどうしてもペーパー試験の学力のみを教師も生徒も保護者も気にしてしまうと思います。至民中から全国に"本当の教育"というものを発信し続け、日本の教育システムを見直す原動力となってください。　　　　　　　　　（県内高校教諭）

　また、保護者の方からも嬉しい感想が寄せられた。

▶ 公開研究会のときに、先生は授業内容をわかりやすく丁寧に教えていただいていることを知りました。図書室に伺ったときに珍しい絵本とか、いろんな種類の雑誌があって見入ってしまいました。そして、学校全体を拝見させていただいたときに、息子が至民中学校に通学できることを改めて嬉しく思いました。

　しかし何と言っても私たちを最も感動させた感想は、生徒によるほんの短い次のものであった。

▶ 公開研究会はとても緊張したけど、いつも通り作業ができてよかったです。全国に至民中の良さを少しでもわかってもらいたいです。

　これを読んで奮起しない教師がいるであろうか。我々は毎年公開研究会を開催する。決してイベントではなく、

日常の一貫として、しかも年間の実践研究のサイクルに当たり前のように組み込んで、毎年その時々の生徒の学びの姿を世に問うのである。

4	動き続ける「学び舎」

　学校の主人公は生徒である。自分はこの学校で学べて本当に良かったと、いつの日でも良いから感じてもらいたい。いつの日かまた母校を訪れたときは、「またこんなに変わったな」と驚きの声を挙げてもらいたい。後輩には「私たちもそうだった。思い切ってやればいい」とアドバイスをしてもらいたい。そして地域の住民として「何でも応援するから」と世代を越えて後押しをしてもらいたい。

　学校の裏方は教師である。この学校で教鞭を執れて幸せだったと感じてほしい。異動したらこの学校の精神を他に伝え、新天地でまた新たな学校文化を築く原動力となってもらいたい。教師としての成長を自覚してもらいたい。

　学校は足を踏み入れる全ての人にとっての「学び舎」でありたい。新しい出会いや発見があり、何かしら心動かされるところがあって、自らの生き方を振り返り、明日への活力が得られるような場所でありたい。地域に支えられ、地域を支える、そんな場所でありたい。

　さて、動き続ける「学び舎」至民中には、明日もまたドラマが待っている。

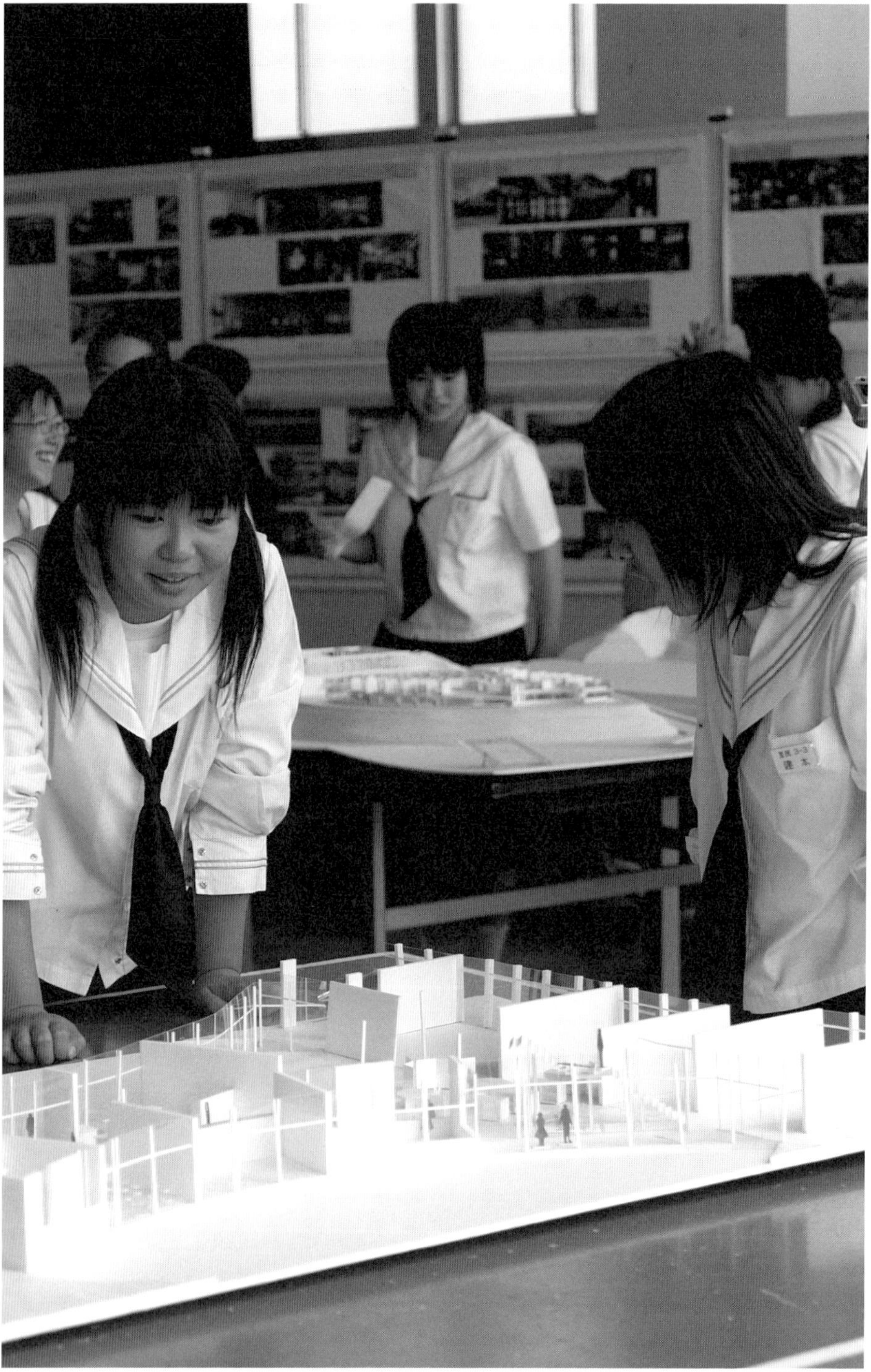

おわりに

　公教育である学校教育は、社会的存在である人間の人格の完成をめざして行われるべきものであろう。つまり、社会に参画しながら自分づくりと社会づくりを行う実践者としての子どもを育てることが目的になる。当然のことながら学校建築もそれに見合う建物であることが望まれよう。

　しかし、現実の学校は教育方法も学校建築も、教育の目的から乖離しているのが実態である。黒板に向かって整然と並ぶ教室で行われる一斉授業で培われるのは、効率のよい知識の習得である。この知識習得の過程では、他者との比較や競争が生まれ、自分の能力等に関する自己認知がもたらされるが、同時にこの自己認知は自信や有能感や自己存在感ばかりでなく、自信喪失や無能感や自己否定感を養うことにもなろう。何割かの子どもの有能感を高める代わりに、学校嫌いや学びから遠ざかる子どもを生み出すことにもなってしまう。何にも増してこのような学習活動で欠けているのは、協働して知を創造する実感である。既存の知を覚えるだけでは、既存の体制を越えていくことはできない。常に新しいことを生み出そうとするエネルギーこそ、時代の変革期に求められている学力であろう。

　同様のことが教師の成長についても言える。教師の専門性は、協働して授業づくりを行う中で培われるものである。従って教師の育つ仕組みのない学校では、子どもは育たない。この教師の協働を念頭に置いた学校建築が今求められている。

　一方、学校の建て替えは、そんなに頻繁にあることではない。頻繁にないから、優れた学校建築が生まれても、学校教育を変えるエネルギーに転化しがたいところがある。また、建物は斬新であってもいつの間にか旧態依然とした教育が行われ、建物の如何にかかわらず従来通りの教育が行われるようになってしまうものである。さよ

うに教育は大食漢であり、建物までもゆっくりと食べつくしてしまうところがある。

　しかし、建物のありようは、学校教育の中身に転機をもたらすことができるのも事実である。着火した火種が少しずつ燃え広がるための手立てを講じれば炎にもなることができるはずである。それには建物を造ってから、教育関係者に委ねられるような学校建設では不可能である。設計者と教育関係者と地域が協働して学校をつくり、造った後も一緒に検討を重ねていくことが必要なのである。そして、この継続は、協働して造ったからこそ生じるエネルギーなのだろう。

　今、至民中学校の改革は種火から添え枝に燃え移ったところであり、薪をくべることができるほどの火力ではない。薪が燃え上がるまでには、これから、いくつかの工程を踏まなければなるまい。その工程で必ず必要となるのは、この本を手に取ってくれた皆さんとの協働である。至民中学校の実際を目で確かめていただき、意見をいただきたい。皆さんの発言は、きっとふいごとなって薪に火をつけることができよう。そして、私たちも種火もお分けできるようになりたいものである。一緒に、今世紀にふさわしい学校づくりに踏み出そうではないか。

おわりに

■ 福井市至民中学校・建築データ

主要用途	中学校(教科センター方式)
発注者	福井市
竣工	2008年3月
所在	福井県福井市南江守町65-20
設計	建築:設計工房顕塾
	構造:構造計画プラスワン
	設備:中部設計
	外部器具庫棟・外構・サイン:福井市役所営繕課
監理	建築:設計工房顕塾
	構造:構造計画プラスワン
	設備:中部設計
施工	[校舎棟] 建築:熊谷組・生田建設・AG空間建築共同企業体
	電気:合同電機・日本海電機共同企業体
	[体育館棟] 建築:前川元組・生田建設・AG空間建築共同企業体
	電気:酒井電設工業
	[各棟共通設備工事] 衛生:吉水建機
	空調:福井建材社
階数	地上2階建
構造	[校舎棟] 鉄筋コンクリート造、
	壁式鉄筋コンクリート構造(壁床式版構造、葉っぱのひろば:張弦スラブ)
	鉄骨ポスト柱:綱棒(水系発泡性耐火被覆・1時間耐火)
	[体育館棟] 鉄筋コンクリート造、
	耐震壁付ラーメン構造(フィーレンデール梁、一部トラス形式)
敷地面積	51,198.14㎡
建築面積	8,283.37㎡/建蔽率(許容)16.1%(60%)
延床面積	11,379.06㎡/容積率(許容)22.2%(200%)
各階床面積	[校舎棟] 1F:4,433.04㎡ 2F:3,576.23㎡
	[体育館棟] 1F:1,732.12㎡ 2F:512.73㎡
	[駐輪場] 881.42㎡
	[機械室棟] 120.54㎡
	[校庭器具棟] 122.98㎡
地域地区	市街化調整区域
道路幅員	11.0m
階高	3.35m〜5.45m
天井高さ	2.7m〜12.3m
最高軒高	12.75m
最高高さ	13.05m
駐車台数	50台
駐輪台数	450台
設計期間	2005年1月〜2006年7月
施工期間	2006年10月〜2008年3月

西立面図(S=1:1,200)

外部仕上げ	屋根:シート防水	
	外壁:コンクリート打ち放しの上撥水材塗装、断熱材 t=50打込	
	床:コンクリート金ゴテ押さえ、デッキ部:イペ材	
	開口部:アルミサッシ、アルミカーテンウォール	
	外構植栽:ケヤキ、ヤマボウシ、ソメイヨシノ、芝	
内部仕上げ	［教科教室・教科のひろば・ホーム］	床:樺パーケットフロア t=15UC
		天井:有孔石膏ボード t=9.5EP、一部格子、ラジアータパイン積層材
		壁:コンクリート打ち放し
	［葉っぱのひろば・管理廻り他］	床:樺パーケットフロア t=9.5UC
		天井:有孔石膏ボード t=9.5EP
		壁:コンクリート打ち放し、一部檜OSB t=4mm
	［音楽室］	床:樺パーケットフロア t=9.5UC
		天井・壁:ラジアータパイン積層材、有孔シナ合板 t=4mm
	［体育館］	床:カバザクラフローリング t=18
		天井:グラスウールパック t=50、ピン留め
		壁:杉 t=15(福井市産材:足羽杉)オスモカラー拭き取り
電気設備	受電方式:高圧3φ3W6600V、60Hz、屋内キュービクル	
	容量:蓄熱動力300kVA×4	
	一般動力:75kVA×1	
	電灯:200kVA×2	
空調設備	冷暖房設備:ガスヒートポンプエアコン、空冷パッケージエアコン	
	暖房設備:電気蓄熱暖房機、土壌蓄熱式輻射暖房	
	換気設備:全熱交換器、排風機、有圧扇、天井換気扇	
衛生設備	給水設備:加圧ポンプ、受水槽	
	給湯設備:理科実験室、調理室、保健室、湯沸かし室、シャワー室	
	排水設備:分流式	
	ガス設備:LPG	
	防災設備:消化ポンプ、屋内消火栓、消火器、自動火災報知、非常用照明、誘導灯、非常放送	
	浄化槽:流量調整槽前置式接触ばっき式	
	昇降機:乗用兼車椅子用エレベーター(13人乗り)×1基	
特殊設備	折りたたみ可動ステージ(体育館)	
	電動バトン:校舎2台・体育館2台	
	太陽電池発電設備	

東立面図(S=1:1,200)

■ 北陸地域図

石川県
福井県
福井市南江守町
岐阜県
滋賀県
京都府

■ 案内図

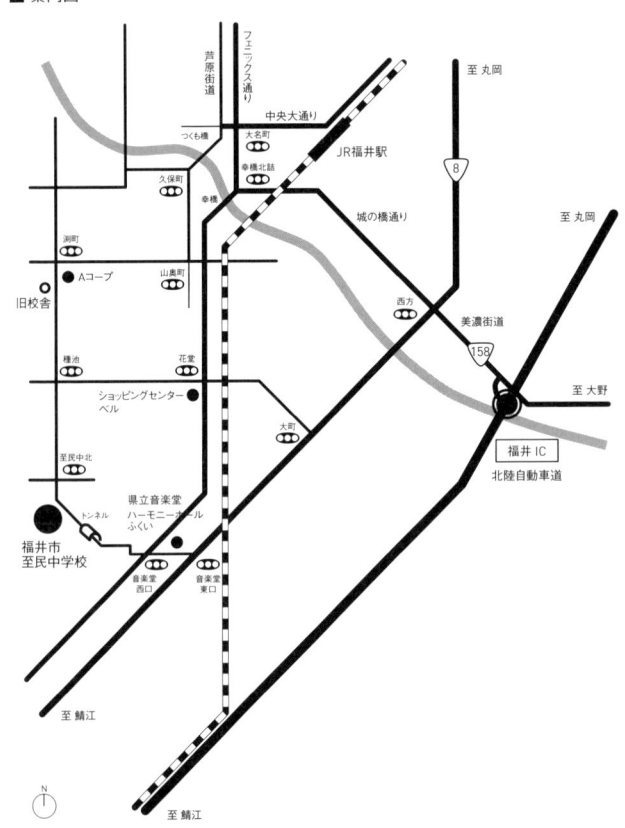

至 丸岡
芦原街道
フェニックス通り
中央大通り
つくも橋
大名町
JR福井駅
幸橋北詰
久保町
幸橋
城の橋通り
至 丸岡
洞町
Aコープ
山奥町
旧校舎
西方
美濃街道
158
種池
花堂
至 大野
ショッピングセンター ベル
福井IC
大町
北陸自動車道
至民中学校
トンネル
県立音楽堂
ハーモニーホール
ふくい
福井市
至民中学校
音楽堂 西口
音楽堂 東口
至 鯖江
N
至 鯖江

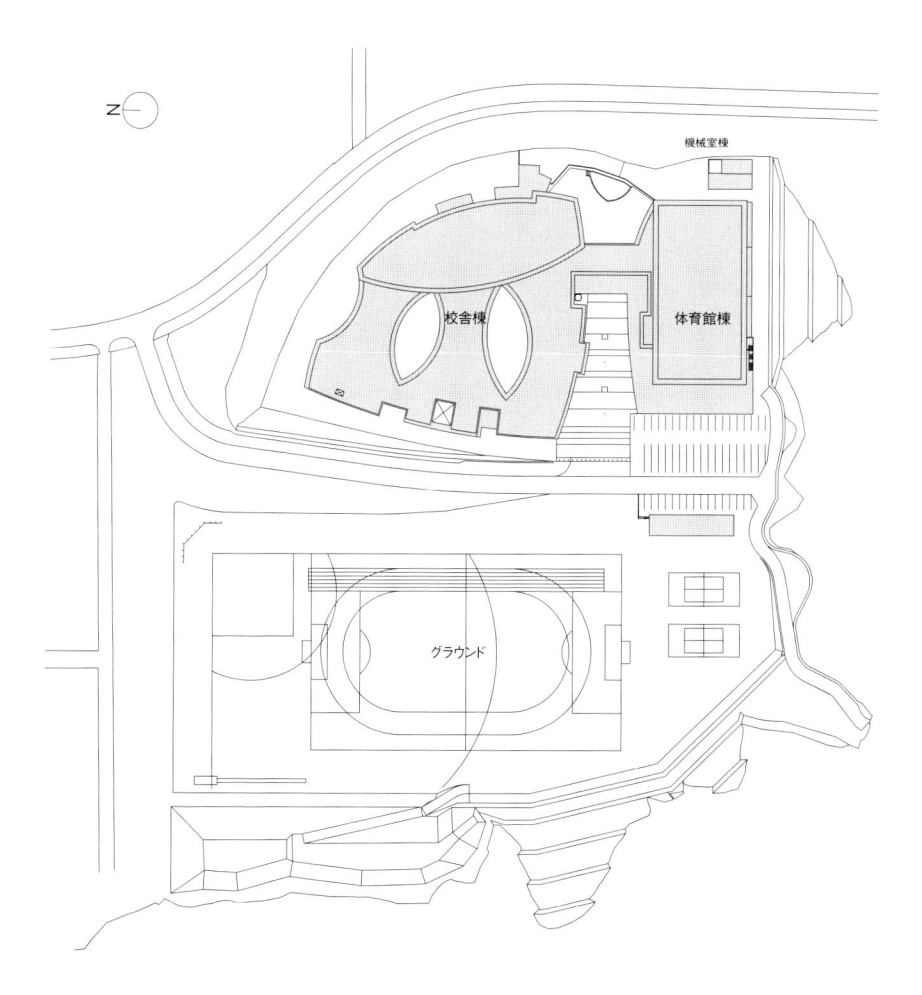

■ 配置図（S＝1:2,500）

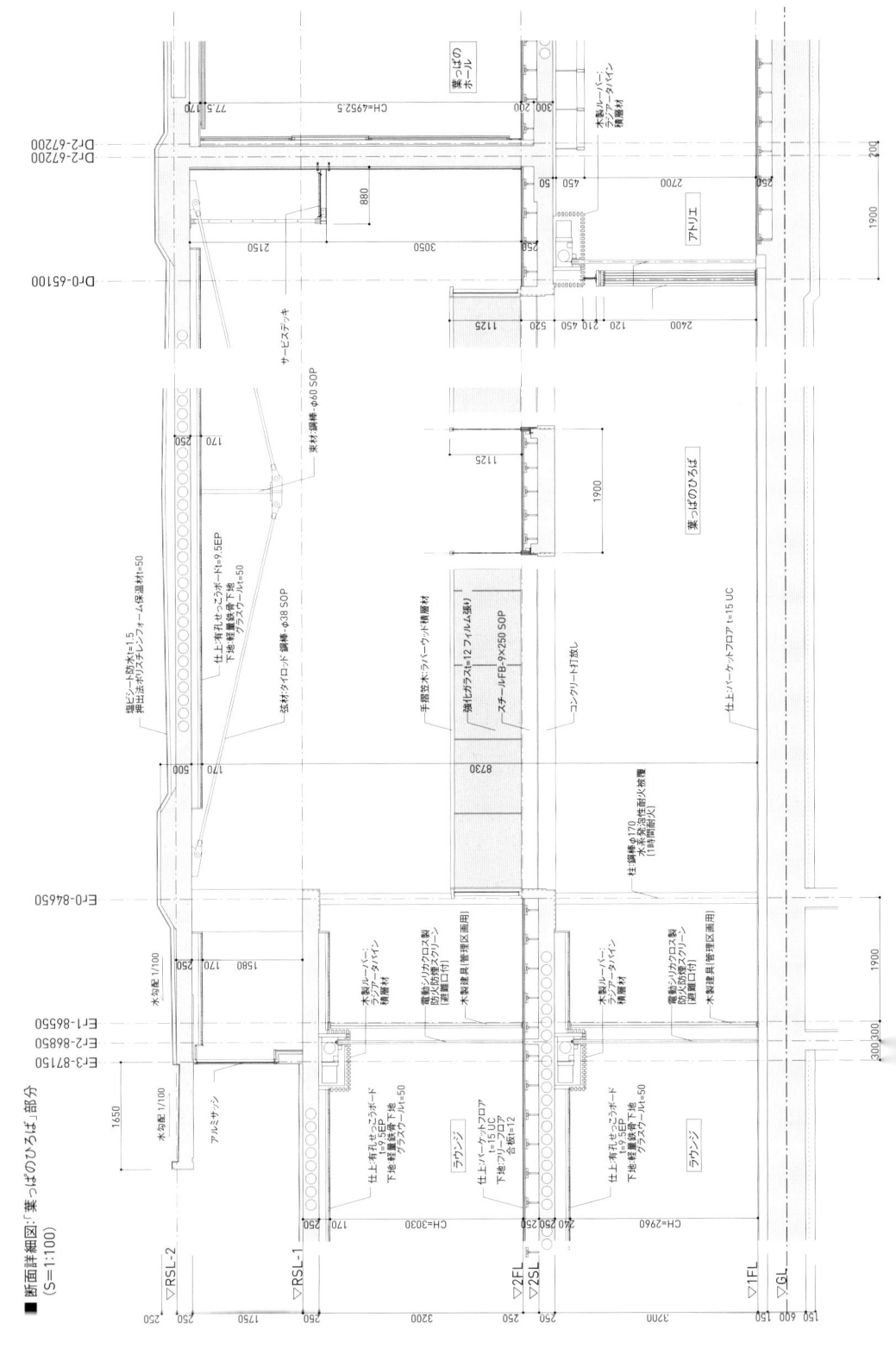

■ 断面詳細図:「葉っぱのひろば」部分
(S=1:100)

■ 福井市至民中学校・学校づくり年表

1997(平成9)年	12月	移転用地取得(約61,000㎡)
2000(平成12)年		土質調査
2001(平成13)年		造成設計
2002(平成14)年		造成工事着工
2003(平成15)年	7月	建設基本計画策定委員会設置
2004(平成16)年	3月	設計者選定審査委員会設置
	7月	設計者選定審査委員会結果公表、設計工房顕塾に決定
2005(平成17)年	1月	基本設計開始
	2月〜3月	生徒ワークショップ開催
	3月〜4月	地域ワークショップ開催
	3月	先進校視察
	3月	至民中学校 生徒生活実態調査実施
	4月	所内検討会開始
	4月	問題解決型学習開始
	5月	福井市中学校教育研究協議会開催
	5月〜11月	教職員ワークショップ開催
	7月	先進校視察
	8月	設計検討委員会開催
	10月	基本設計完了
	11月〜12月	先進校視察
	12月	実施設計開始
2006(平成18)年	4月	新至民中学校運営ワーキング開始
	4月	70分授業開始
	6月	新しい学校づくりに向けての公開研究会
	6月	実施設計終了
	10月	新しい学校づくりに向けての公開研究会
		現場着工
2007(平成19)年	4月	クラスター試行
	6月	新しい学校づくりに向けての公開研究会
	7月	ギャラリーしみん開設
2008(平成20)年	2月	SSL完成
	3月	竣工
	4月	新至民中学校開校
	4月	福井大学大学院(教職大学院)拠点校設置
	6月	ボランティアガイド結成
	10月	第1回公開研究会
2009(平成21)年	10月	第2回公開研究会

■ 写真クレジット（五十音順、数字はページ数を示す）

北嶋俊治
6

熊谷組
95(中・下)、96、97(下)、100、101、153

土面彰史
2、3、4(上)、64〜65、69、72、75(下)、105(下)、108(下)、145(下)、160、カバー表1

福井市至民中学校
75(上)、88(下)、89(下)、91(上)、102(下)、106(上から2・4枚め)、108(上)、110(上・左)、111(左下2枚)、115、118、123、126、129、130、133、134、139、143、145(上)、146、147、149(上・中)、150、158、161、162、163、172、176-177、180、181

堀部大貴
1、4(下)、8、19、29、41、51、57、61、88(上)、91(下)、92(下)、93(下)、105(上・中)、106(上から1・3枚め)、107(下2枚)、108(中)、109(上、下から2枚)、112(右上除く全て)、113、114、132、135、141、151、169、171、174、175、184、187

記載のないものおよび建築図面については設計工房顕塾による。

建築が教育を変える
福井市至民中の学校づくり物語

2009年11月30日　第1刷発行

編著者
しみん教育研究会

発行者
鹿島光一

発行所
鹿島出版会
〒104-0028 東京都中央区八重洲2-5-14
電話 03(6202)5200　振替 00160-2-180883

デザイン
高木達樹(しまうまデザイン)

印刷・製本
壯光舎印刷

© Shimin Kyoiku Kenkyukai, 2009　Printed in Japan
ISBN978-4-306-04339-2 C3052

無断転載を禁じます。落丁、乱丁本はお取り替えいたします。
本書の内容に関するご意見・ご感想は下記までお寄せください。
http://www.kajima-publishing.co.jp
info@kajima-publishing.co.jp